Karl Lehmann

Der praktische Magnetiseur und Hypnotiseur

Sarastro Verlag

Karl Lehmann

Der praktische Magnetiseur und Hypnotiseur

1. Auflage 2012 | ISBN: 978-3-86471-114-5

Erscheinungsort: Paderborn, Deutschland

Sarastro GmbH, Paderborn. Alle Rechte beim Verlag.

Reprint des Originals von 1905.

Karl Lehmann

Der praktische Magnetiseur und Hypnotiseur

Sarastro Verlag

Der praktische

Magnetiseur und Hypnotiseur.

❖

Wegweiser zum Selbststudium

des

Magnetismus und Hypnotismus

für

Beruf und für Heilzwecke in der Familie.

❖

„Jeder sein eigener Hausarzt."

❖

Im Selbstverlag

von

Karl Lehmann, Heil-Magnetiseur

Diplom. für Hypnotismus und Magnetismus v. Inst. of. Sc. New-York.

Hagenau i. Elf., Mai 1905.

2. Auflage.

Hagenau.

Druckerei der Hagenauer Zeitung.

Nachdruck verboten.

Inhalts-Verzeichnis.

Motto: Der Gipfel und die Blüte aller
„Gelehrtenweisheit“ ist doch nur
die Dummheit im Verein mit
Borniertheit und Lächerlichkeit!

Vorwort.

Die meisten Aerzte eifern heute noch wie ehemals in schroffster Weise gegen die verhaßten magnetischen Heilkünstler, welche den Leidenden aller Art Hilfe bringen, ohne ein Rezept zu schreiben, oder Blasenpflaster und Aderlaß zu verordnen.

Wenn nun aber seit hundert Jahren von Mesmer und seinen Nachfolgern so viele bewunderungswerte Heilungen durch magnetische Behandlung vollbracht worden sind, so wird man sich mit Unmut fragen dürfen: „Woran liegt es denn, daß das magnetische Heilverfahren immer noch nicht allgemein eingeführt ist?“

Einesteils liegt die Ursache in dem Mangel an tüchtigen, kraftbegabten Magnetiseuren und andernteils trägt die Hauptschuld das mächtige Heer der Aerzte, das wutschnaubend gegen den Heilmagnetismus zu Felde zieht. Die wenigen aufgeklärten und gewissenhaften Jünger Aeskulaps, welche die magnetische Heilart auf ihre Fahne geschrieben haben, werden von der Horde als Fahnenflüchtige verwünscht und verfolgt, denn das Losungswort lautet: „Es gilt unser Ansehen, unsere Ehre und, was noch viel schwerer wiegt und viel höher steht — unseren Geldbeutel!“ Deshalb auf zum Kampf auf Tod und Leben gegen den Heilmagnetismus, der darf nicht zur Herrschaft gelangen. Doch gemach; wir sind auch noch da, und auf unserer Seite stehen sehr namhafte Autoren der Wissenschaft.

In den letzten 50 Jahren hat sich eine bemerkenswerte Aenderung vollzogen. Namhafte Gelehrten haben sich diesem Studium gewidmet, und zu ihrer Ehre sei es gesagt, sie haben sich himmelhoch über den Standesdünkel ihrer Kollegen erhoben; sie haben der Wahrheit die Ehre gegeben, sie haben nicht nur das Vorhandensein des Hypnotismus als eine ganz hervorragende geistige Fähigkeit bestätigt, sondern auch den von den Gegnern in das Reich der Fabel gebannten tierischen oder Lebens-Magnetismus als eine tatsächlich bestehende, wunderbare Natur-Heilkraft voll und ganz bestätigt, die übrigens nur von denjenigen geleugnet wird, die dadurch geschädigt werden.

Der noch unter uns lebende Professor Dr. med. Gustav Jäger in Stuttgart sagt: „In allen Zeiten hat es Menschen gegeben, die im Rufe einer sogenannten magnetischen Heilkraft standen. Nur das allergrößte Bornement und der frechste Ignoranten-Hochmut kann die aus allen Zeiten in der denkbar gründlichsten Weise dokumentierten Tatsachen für Schwindel und damit eine Masse der ehrenwertesten Menschen, denen der Beleidiger selbst vielleicht nicht einmal die Schuhriemen zu lösen wert ist, für Betrüger resp. Betrogene erklären."

Der Geh. Medizinalrat Prof. Dr. Nußbaum, der berühmte Universitätslehrer, sagte bei Gelegenheit eines Vortrages zu seinen Zuhörern: „Meine Herren, der Magnetismus ist die Medizin der Zukunft!"

Daß speziell von der „medizinischen Wissenschaft" ein erbitterter Kampf gegen den Heilmagnetismus geführt wird, ist allgemein bekannt und betr. der Waffen sind diese Herren durchaus nicht wählerisch, „der Zweck heiligt die Mittel", zu verdenken ist es ihnen übrigens nicht; es handelt sich um den Geldbeutel.

Vor Gericht sagen die „sachverständigen Vertreter der medizinischen Wissenschaft" aus: „Es gibt keinen Heilmagnetismus, es gibt kein „magnetisiertes Wasser", das irgend welche Heilkraft besitzt. Diese alten Lehren von einem tierischen Magnetismus, auch Mesmerismus genannt, sind schon längst von der neuen Wissenschaft (wohl medizinischen Wissenschaft) als Unsinn verworfen worden. Eine Ausströmung aus den Fingerspitzen existiert nicht, der Angeklagte macht nur mit den Fingerspitzen Hokus-Pokus; denn wenn er das könnte, so müßte er auch eine Schachtel Wichse magnetisieren können, und wer sich damit die Stiefel wichst, dem würden die Hühneraugen vergehen usw."*)

---

*) Wurde in meinem Prozeß am 5. November 1904 vor der Straßburger Strafkammer von den medizinischen Sachverständigen Geh. Medizinalrat Prof. Dr. Biedert-Straßburg und Geh. Medizinalrat Dr. Levy, Kreisarzt, Hagenau, ausgesagt.

Die letzte Ausführung der Sachverständigen war ja sehr wenig wissenschaftlich, jedoch wo Vernunftsgründe fehlen, muß der Spott und das Lächerlichmachen herhalten.

Als Gegenstück zu obigen, in meinem Prozeß abgegebenen Aussagen der Sachverständigen will ich mit dem Inhalt eines Briefes des sehr ehrenwerten Dr. med. G. von L. antworten, der mir unter Bezugnahme meines Prozesses u. a. folgendes schreibt: „Ganz unverständlich ist mir Ihre Anklage und die Aussagen der sachverständigen (?) Professoren, daß es keinen Heilmagnetismus und kein magnetisiertes Wasser gibt, und die chemische Untersuchung einer Flasche stark magnetisierten Wassers von seiten des Gerichts abgelehnt worden ist. Schade, daß ich nicht als Zeuge für Sie dabei war. Ich hätte diese Sachverständigen gefragt: „Wie kommt es, daß Jesus vor bald zweitausend Jahren geboten hat, daß man durch Händeauflegen die Kranken heilen soll, und heute soll die Polizei dieses heilig göttliche Gebot verbieten können?" Und wie kann heute ein Professor es wagen, die magnetischen Ausströmungen aus den Fingerspitzen gewisser mit Od erfüllter Menschen zu leugnen, nachdem Professor Narkiewitz-Jodko in St. Petersburg einen elektro-magnetischen Apparat konstruiert hat, mit welchem die Ausströmungen photographierbar sind, was heute auf jedem physikalischen Laboratorium nachexperimentiert werden kann usw.!"

Ich wurde ohne den geringsten Grund einer strafbaren Handlung zur Anzeige gebracht, nicht etwa weil ich irgend einen Patienten durch meine Behandlungsweise geschädigt hatte. O, nein, aus bloßem Konkurrenzneid. Hierzu verpflichtet hielten sich ein wissenschaftlich gebildeter Arzt aus Niederbronn, z. Zt. verzogen nach Walk bei Pfaffenhofen, und aus Lembach bei Wörth a. S. Sehr richtig sagt G. E. Reiße in „Wissenschaftliche Kurpfuscherei"*): „Die Denunziation war den alten Deutschen schon von Anfang an das erbärmlichste, niederträchtigste und verwerflichste Rechtsmittel, nur in den äußersten Notfällen von Sklaven usw. angewandt; heute aber wird die Denunziation von gebildeten Aerzten und Professoren angewandt, um Menschen, die gesetzlich weniger geschützt sind und die nur Gutes wollen, gesellschaftlich und moralisch zu tö— zu morden!

*) „Wissenschaftliche Kurpfuscherei" siehe Annonce im Anhang.

„Bei den alten Germanen wurde ein Denunziant hart bestraft, weil dies das abscheulichste Verbrechen sei, und heute — ja die Zeiten ändern sich — erhalten die Denunzianten Auszeichnungen, Orden und Titel! — —"

Außerdem wurde noch ein Artikel in der Presse veröffentlicht, worin es unter anderm hieß: „Das angeblich magnetisierte Wasser wurde alsbald beschlagnahmt, untersucht und konstatiert, daß es noch nicht einmal destilliertes, sondern ganz gewöhnliches Brunnenwasser sei, usw. Selbst zu den verächtlichsten Lügenmitteln greifen die Gegner! Ich erwiderte darauf durch öffentliche Erklärung u. a. folgendes: „Ich erkläre hiermit öffentlich, daß noch niemals von mir magnetisiertes Wasser beschlagnahmt worden ist, folglich auch niemals konstatiert worden ist, daß es nur gewöhnliches Brunnenwasser sei, usw.!"

Der Kampf richtet sich übrigens nicht nur gegen den Heilmagnetismus, sondern gegen die gesamte Naturheilmethode; trotzdem steht diese auf einer glänzend hohen Stufe und zählt nicht nur Millionen aus dem Volke, sondern ebenfalls die achtbarsten Kräfte der medizinischen Wissenschaft zu ihren Anhängern. Hätten sich nun auch die Gegner schließlich mit der Naturheilkunde befreundet, so müssen nun aber noch diese Heil=Magnetiseure kommen, die den Medizin=Aerzten noch das letzte bißchen Ansehen nehmen! Ja, wenn man diesen Heilmagnetismus wenigstens in einer chemischen Fabrik herstellen und dadurch gute Dividenden erzielen könnte, wie z. B. Somatose, die Serums, Rahmgemensels usw., ja, dann lohnte es sich allenfalls, auch noch diese Blamage zu schlucken. — Aber so!! — Wir haben aber Gottseidank auch, und das wohl der größte Teil, sehr ehrenwerte Aerzte, die solch einem Kampfe vollständig fernstehen.

G. E. Reiße schreibt in „Wissenschaftliche Kurpfuscherei" auf Seite 21 folgendes: „Gehen wir einmal hinaus auf die Straße, so sehen wir hier einen Verkrüppelten, dort einen Gelähmten! Viele mögen sich durch eigene Schuld oder Unfälle ihre Verkrüppelungen, Lähmungen etc. zugezogen haben, wohl aber auch der größte Teil ist durch Vererbung so geworden. Dieses ist zum großen Teil der medizinischen Behandlung zuzuschreiben, die an den Vorfahren verübt wurde. Man verstehe mich hier nicht falsch. Es können Krankheiten der Eltern oder Großeltern medizinisch falsch behandelt worden sein. Wenn aber die Lebenskraft eines Kranken noch durch Arzneien geschwächt wird, d. h. wenn durch Schwäche geheilt*) wird, tritt die Krankheit in ein latentes oder chronisches Stadium und kann sich in dieser Form bis ins dritte und vierte Glied der Nachkommenschaft vererben. — Durch medizinische Behandlung ist eine geschwächte Generation gezeitigt worden. Infolgedessen kann auch das Kranksein nur ein latentes oder chronisches Stadium aufweisen und daraus resultiert: daß soviele chronisch Kranke, elende und scrophulöse, rachitische und wasserköpfige, syphilitische und blödsinnige Kinder geboren werden, die sich dann zu Krüppeln und Idioten, in Summa zu untauglichen Karikaturmenschen entwickeln. — Möchte man doch im Volke den Satz etwas mehr beachten: „Fliehet die Aerzte und ihre Arzneien und ihr werdet genesen usw." (Einige folgende Sätze will ich auslassen, da mir die Ausdrücke etwas zu „derb" erscheinen. D. V.) Weiter heißt es: „Fast alle Krüppel, Jammergestalten und Karikaturmenschen tragen den Stempel der medizinischen Kurpfuscherei, die leider schon seit über tausend Jahren besteht, auf der Stirne, ohne daß irgend jemand aus dem Volke den Mut hatte, dagegen Front zu machen. Es gab ja bis vor etwa 40 Jahren, wenig Aerzte, und diese wenigen ließen sich nicht in die Karten blicken; sie bildeten eine „Kaste", wie dies ja auch heute noch zum großen Teil der Fall ist. Der Mann aus dem Volke war in damaliger Zeit noch vollständig inkompetent, um sich ein Urteil bilden zu können über eventuelle Experimente und Pfuschereien von seiten der Aerzte."

Nun frage ich: „Ist die Ursache dieser Erscheinungen in der Unzulänglichkeit der Heilkunde zu suchen?" Diese Frage muß wohl von demjenigen mit „Ja" beantwortet werden, der einen Blick in die Geschichte der Medizin getan, der da das Ringen nach Wahrheit und Erkenntnis gesehen, der beobachtet hat, daß ein fortwährendes Schwanken, ein stetes Wechseln der Systeme das einzig Stetige in der Heilkunde war, die sich stolz die „Wissenschaftliche" nannte. Die unheilbaren Krankheiten gaben

---

*) Der oberste Grundsatz der Schulmedizin lautet: „Heilung durch Schwächung, wo aber nichts mehr zu schwächen ist, da glaubt sie nichts mehr tun zu können."

nicht nur vielen Aerzten, sondern auch Laien zu denken, und man gelangte zu dem Resultat, daß es nicht genüge, einzig und allein nach Mitteln zu suchen, den erkrankten Menschen zur Gesundung zurückzuführen, sondern daß der weise Mann vorbeugen müsse, daß es notwendig sei, die Erkrankungen durch entsprechende Belehrung zu verhüten, soweit dies überhaupt möglich sei. Man forderte von den berufenen Hütern der Gesundheit, den Aerzten, Aufklärung über Gesundheitspflege. Sie gaben sie auch vereinzelt, aber mit sichtbarem Widerwillen, daher auch in so unzulänglicher Weise, daß damit der Gesundheit nicht gedient war. Was fängt der Mann aus dem Volke mit gelehrten Abhandlungen an? Ihm liegt daran, in leicht verständlicher Form, in seiner Sprache Aufklärung zu erlangen, wie er in seinen Verhältnissen, in seiner Umgebung, in seiner sozialen Lage sich zu verhalten habe, um Krankheiten von seinem Haushalt, von seinen Familienangehörigen möglichst fernzuhalten. Diese Aufklärung gaben die Aerzte dem Volke nicht, weil sie die „Medizin" nicht glaubten popularisieren zu dürfen. Als indessen immer wieder die berechtigte Forderung nach Belehrung unerhört verhallte, da schlossen sich Männer und Frauen zusammen, um selbst Wandel zu schaffen. Man hatte gehört, daß einfache Männer aus dem Volke, Landleute, ein Prißnitz, Schroth u. a. m. in vielen Fällen Krankheiten zur Heilung geführt hatten, die von wissenschaftlich gebildeten Aerzten als unheilbar bezeichnet worden waren. Diese Tatsachen begannen das Vertrauen zu erschüttern, das die Aerzteschaft genoß, nicht das Vertrauen der Heilkunde an sich, sondern dasjenige zu dem herrschenden System geriet ins Wanken. Man sah, daß Laien ohne akademische Bildung, ohne den großen Wissensschatz, den der Arzt anzuhäufen gezwungen ist, vor allem ohne die Anwendung von Apothekermitteln besser und gründlicher zu heilen vermochten als „studierte Aerzte". Man schloß sich zusammen in Vereinigungen, einmal um Propaganda zu machen für jene neue volkstümliche Heilkunde, anderseits aber, und das war die Hauptsache, um der Gesamtheit diejenige Belehrung über ein naturgemäßes Leben zu geben, die man selbst auf irgend eine Weise erlangt hatte. So entstanden die Naturheilvereine, nicht wie irgend ein Skatoder Pfeifenklub der Vergnügungssucht dienend, sondern ein Produkt, das die Not der Zeit, die Not des Lebens geschaffen.*)

Zunächst wurden sie ignoriert, dann in ärztlichen Kreisen verlacht und verhöhnt. Als indessen ihre Erfolge das Gesprächsthema weiter Kreise bildeten und die Oeffentlichkeit beschäftigten, als der Anhang lawinenartig wuchs, da erkannte die Aerzteschaft endlich, daß sie hier einer Volksbewegung gegenüberstand, durch deren Ausbreitung sie entweder schwer geschädigt, oder möglicherweise materiell völlig vernichtet werden würde. Anstatt nun jener Bewegung offen und ehrlich näher zu treten, sie zu studieren oder auch nur kennen zu lernen, entschloß sich die Mehrheit der Aerzteschaft, die Bestrebungen solcher Vereine zu bekämpfen.

Die medizinische Gegenpartei, der ja in diesem Kampfe alle möglichen und unmöglichen Mittel zum Zwecke recht sind, wie z. B. die gemeinen Beschuldigungen der deutschen Frauen und weiblichen Mitglieder der Naturheilvereine, ebenso der Naturheilkundigen, wie solche Dr. Rudolph Lennhoff in der „Medizinischen Reform" veröffentlicht hat. Diese Beschuldigungen und Verleumdungen sind derart gemein, daß ich dieses Papier für zu gut erachte, um es mit solchem Schmutz zu besudeln. Wer sich dafür interessiert, der lese „Wissenschaftliche Kurpfuscherei" auf Seite 71. Darüber sagt R. auf Seite 72: „So schreibt nun ein „deutscher Arzt", dem wir unsere Frauen, unsere Gesundheit, unser Leben anvertrauen sollen. Welche Waffen soll man gegenüber einer solchen unsagbaren Rohheit noch anwenden? Was sagt dazu der vernünftige Mensch? Was sagt ihr, Volksvertreter? Wie schlecht muß es demnach mit der Schulmedizin bestellt sein, wenn ihre Vertreter zu solchen Mitteln greifen müssen! Welche Meinung muß

---

*) Naturheilkundige sind eben heute notwendig! Vor Zeiten existierten bei weitem weniger Krankheiten, weniger Pfuschereien und Medizin-Vergiftungen; als aber die Pfuschereien und Vergiftungen in neuerer Zeit, durch Hilfe der Chemie, überhand genommen haben, entwickelten sich auch neue und bessere Heilmethoden. Mit der Zunahme der Aerzteschaft nahmen auch die Krankheiten an Ausbreitung und Variation zu; so war es denn instinktiv notwendig, daß sich eine bessere Heilmethode entwickeln mußte, und wenn die Naturheilkundigen in neuerer Zeit nicht so segensreich gewirkt hätten, die Zahl der Elenden und Krüppel hätte sich in erschreckendem Maße vergrößert.

man von einem Leserkreis haben, dem Derartiges geboten werden darf? — Zum Glück sind es ja nur Aerzte, die die „Medizinische Reform" lesen, Aerzte, — „gebildete Leute". Und das deutsche Volk? Es wird durch falsche Berichte beruhigt, und der größte Teil der Presse schweigt zumeist, weil sie unter dem Machteinflusse des Gottes Aeskulap steht. — Wenn aber die Presse erst diesen ganzen Schwindel eingesehen hat, wenn sie erkannt hat, daß die Mediziner die Presse nur als Narren betrachtet, die Reklame zu machen hat, wenn es diese Herren kommandieren, ich sage, wenn die Presse dieses erkannt haben wird und demgemäß handelt, dann bricht die Medizin noch vollends in sich zusammen. Mögen sich die Mediziner vorsehen, damit die vernarrte Presse ihr heuchlerisches und unsinniges Treiben nicht merkt, denn wenn sich erst die gesamte Presse gegen die Medizin und ihre Vertreter richtet, dann, ja dann hat ihre letzte Stunde geschlagen. Und dann wird auch das deutsche Volk erleichtert aufatmen können, daß es aus den Klauen eines bösen Raubtieres befreit ist."
Die Zeitschrift „Heilmagnetismus" schreibt in Nr. 12 vom September 1904 auf S. 70 wörtlich folgendes:

„Die dem Magnetismus teils irrtümlich, teils wider besseres Wissen zugeschobene Rolle der Suggestion spielt bei keiner anderen Heilmethode eine so große Rolle wie bei der allopathischen (medizinischen) Behandlungsmethode. Das hat vor einigen Jahren kein geringerer behauptet als der berühmte Physiologe und Gehirnanatom Professor Forel in Genf. Denn schon der Titel Doktor, Medizinalrat, Obermedizinalrat, Professor, Geheimrat oder gar — ich denke z. B. an den von dem Wiener Kliniker Prof. Drasche erst unlängst ziemlich derb angefaßten Behring — Exzellenz flößt dem gewöhnlichen Menschenkinde am Krankenbette keine geringe Meinung von seines Arztes Können ein, und keinen geringen Respekt; also schon der Titel allein wirkt ganz wesentlich suggerierend auf den Kranken. Eine ganze Summe von Einbildungskraft erzeugen dann noch die gewissen Pillenschachteln und Medizinfläschchen, und diese Einbildungskraft steigert sich oft derart, daß sie nicht nur die Krankheit bewältigt, sondern auch die gleichzeitig schädlichen Nebenwirkungen der bekannten, oft sehr gefährlichen Apothekergifte, die freilich in der Regel chronisches Medizinal-Siechtum zur Folge haben. Fallen aber

bei der Krankenbehandlung alle Aeußerlichkeiten, also der
vornehme Titel und die das Auge beirrenden schönen
etikettierten Schachteln und Fläschern weg, wie dies
bei der Behandlung durch einen schlichten Magnetopathen
(Heilmagnetiseur), der mit nichts anderem arbeitet als
mit seinen von dem Kranken garnicht gesehenen Gesund-
heits-Uebertragungsstoffen, in ihrer Wirkung durch die
vom Kranken ebenfalls nicht gesehene Willenskraft ver-
stärkt, — so kann man, wenn man logisch denkt, nie und
nimmer behaupten, daß eine solche Behandlung nur auf
Suggestion zurückzuführen ist!"

G. Reiße sagt auf S. 52: „Der Instinkt schaudert
vor dem Gift, und die kleinen Lippen der unschuldigen,
unglücklichen Kinder werden mit Gewalt aufgebrochen, um
das schreckliche Elend hineinzugießen! — Das ganze bo-
denlose Elend der Medizinalvergiftung, die schon viele
Millionen hingerafft hat und die zuletzt das ganze Men-
schengeschlecht hinrichten muß, hat seinen Ursprung im
Mißverstehen der primären oder akuten Krankheiten. Weil
die Menschen nicht erkannten, daß diese abnormen und
fieberheißen Zustände nur Heilsanstrengungen des Organismus sind, so hielten sie diese Fiebersymptome für die
Krankheit selbst; sie fanden, daß dieselben durch Blutab-
zapfungen und Vergiftungen gehoben würden, und priesen
diese unglückselige Entdeckung. Freilich erwuchs jetzt aus
der giftigen Drachensaat ein ganzes Heer von fürchter-
lichen Todeskrankheiten — Zerstörungen und Vereiterungen
der inneren Organe, die verschiedenen Arten der Wasser-
sucht etc. — alles Krankheiten, von welchen die Vorzeit
wenig gewußt, und welche nie durch etwas anderes erzeugt werden können als durch Vergiftung und Mangel
des von der Natur bestimmten Wassergebrauchs. Allein
weil diese Misere nicht gleich in der nächsten Woche nach
medizinischer Unterdrückung des akuten Kampfes sich ein-
stellt, sondern oft erst nach vielen Jahren, so ahnte niemand, daß Vergiftung die Ursache sei. So ist die fürch-
terliche Pest des Menschengeschlechtes, die Giftpest, von
den Menschen freiwillig aus den schwarzen Schlünden
der Erde hervorgerufen worden; so wurde sie Jahrhunderte
lang gepflegt und angestaunt als eine tiefe Wissenschaft;
so hat man ihr oft genug die letzte Habe zum Opfer
gebracht. Für dieses größte Elend sind schon so viele

2

Milliarden Taler weggeworfen worden, daß alle Staats=
schulden zehnmal davon bezahlt werden könnten; auf das
Studium dieser mörderischen Irrtümer haben Millionen
Menschen ein ganzes Leben und all ihre Kräfte verwandt.
In solche Abgründe des Elends und Unsinns versinkt der
Mensch, wenn er, verschanzt hinter den Bollwerken der
„Wissenschaft“, der Natur und dem Instinkt den Fehdebrief
schreibt! Ja! wie züchtigt die Natur diese Affen, die sie
hofmeistern wollen! O du große, du unaussprechliche
Natur, wie bist du so furchtbar in deiner unerbittlichen,
vernichtenden Strenge! Seht um euch diese Jammerge=
stalten mit lahmen Lenden, mit geschwollenen und krummen
Gelenken, glaubt ihr das sei der Mensch? Das zu mei=
nen wäre eine ungeheure Lästerung der Natur und ihrer
Seele, der Gottheit! Karikaturen sind's, die einem kranken
Affen mehr gleichen als einem Menschen!“

O du armer Mensch, wie häßlich und wie unglück=
lich bist du geworden durch die höllische „Heilkunst“, die
gelehrt wird von Kathedern, gemästet mit Gold, geputzt
mit Orden! Geboren und großgezogen im europäischen
Lazarett des Elends, glaubt ihr, die Erde sei ein Jammer=
tal? O diese Erde ist ein Freudensaal, ein Paradies für
den Gesunden.“ — Der Beruf eines Arztes ist nicht er=
lernbar, ein Arzt muß geboren werden, um wirklich Arzt
sein zu können.*)

Bei Anwendung des Naturheilverfahrens macht sich
eine Pfuscherei viel weniger bemerkbar als bei der medi=
zinischen Behandlung. Wenn eine Anwendungsform des
Naturheilverfahrens falsch gemacht wird, so hat sie nur
die eine Wirkung, daß sie nichts geholfen hat, geschadet
hat sie aber auch nicht. Und daß ein Naturheilkundiger
einen sehr geschwächten Kranken nicht den ganzen Tag
mit kaltem Wasser traktieren wird, das anzunehmen in=
spiriert schon der gesunde Menschenverstand.

Bei Anwendung des Naturheilverfahrens kommt es
weniger darauf an, wie der Name der Krankheit heißt
und ob sich eine Krankheit entwickelt hat oder nicht, um

---

*) Ein Mensch, der dazu geboren ist, ein Arzt sein zu können,
hat nicht erst nötig, sich mit vieler Mühe Technik und Wesen der
Heilkunde anzueignen; es liegt in ihm schon drin, es ist in ihm
wesentlich. Die Biologie und Physiologie ist ihm völlig klar. Er
verordnet seine Heilmittel inspiriert.

den Namen feststellen zu können, sondern hier kommt es darauf an, wo die Krankheit sitzt, und demgemäß wird behandelt.

Der Patient fragt weniger nach dem Namen und nach wissenschaftlichen Ausführungen, sondern er will seines Schmerzes, seiner Krankheit los sein, er will so schnell wie möglich gesund werden, und dieses kann ihm das Naturheilverfahren, von sachkundiger Hand angewandt, geben. —

Beim Medizinalheilverfahren kommt es nur auf den Namen der Krankheit an; da muß der Arzt erst warten, bis sich die Krankheit entwickelt hat, bis sie reif ist, — der Medizin=Arzt sieht etwas schlecht, trotz der Brille, er sieht das Haus erst brennen, wenn es in hellen Flammen steht, — um eine Diagnose, um den Namen der Krankheit feststellen zu können, und das gelingt ihm nicht allzu oft. Ist nun durch eine Reihe von Umständen der Name festgestellt, so vergleicht der Mediziner die sich äußernden Symptome mit seinem Lehrbuch und verordnet die dort verzeichnete Arznei, oder er nimmt eines von den ganz neu „entdeckten" Mitteln, die ja die medizinische Presse haufenweise bietet, um vorläufig einen „Versuch" damit zu machen. Und diese Versuche werden alle Tage gemacht, jedoch der arme Kranke, der als „Karnikel" hinhalten muß, ahnt von alledem nichts.

Wenn nun den ersten ärztlichen Autoritäten ein Ekel vor ihrer eigenen Wissenschaft ankommt, was ist da wohl noch vom ganzen System zu halten? Und wenn die ersten Autoritäten die Medizinalheilkunde verurteilen, dann kann sie weiter nichts sein als ein Pfusch= und Flicksystem! — und deren Vertreter! — Ich habe garnicht nötig, Belege und Argumente von Feinden der Medizin, den sogenannten Naturheilkundigen, zu erbringen, sondern die Waffen liegen viel näher, die Mediziner verurteilen sich selbst.

So sagt z. B. Dr. Granichstätten: „Das Siechtum in seinen zahllosen Abstufungen und Formen ist durch= gehends nur eine Folge mehr oder minder gelungener Kuren mit Medikamenten, die, gehörig angewandt, die ursprüngliche Krankheit zu besiegen pflegen, jedoch fast immer Nachwirkungen im Körper zurücklassen, die sich früher oder später äußern und gewöhnlich unvertilgbar sind. — Man nennt daher dieses Siechtum „Arzneisiechtum",

welches besonders in den höheren Ständen ein getreuer
Gefährte des vorgerückten Alters, nicht selten aber auch
eine Mitgift der zarten Jugend ist. Seitdem die Chemie
so freigiebig mit den verschiedenen Präparaten des Queck-
silbers, Spießglanzes, der Chinarinde, Blausäure, des
Bleies, Arseniks, Schwefels etc. geworden, und einige derselben als kräftig wirkende Mittel gegen Uebel, von denen
man in früherer Zeit nichts wußte, durchgehends und oft
mit unmenschlichem Heroismus angewendet worden, hat
das Siechtum auf eine beklagenswerte Weise um sich ge-
griffen, und wird auch bereits auf die Nachkommenschaft
vererbt.*) — Wer einmal eine Beute dieses Uebels geworden, ist für seine Lebenszeit der Apotheke verfallen."

Dr. Kiefer schreibt: In vielen Fällen wird der alte
Spruch wahr, „daß das Arzneimittel oft schädlicher wirkt
als das Uebel, und der Arzt schlimmer als die Krankheit ist."

Den Nagel auf den Kopf getroffen! (D. B.)

Sehr viele Krankheiten werden bloß durch die Natur
geheilt, und in den meisten Krankheiten ist die Abhaltung
und Entfernung schädlicher Einflüsse, die Beseitigung der
abnorm auftretenden Tätigkeit einzelner Systeme und Organe das einzige, was der Arzt tun kann und darf. Tut
er mehr, entweder um dem arzneisüchtigen Kranken oder
um seiner dogmatischen Theorie oder wohl seiner Gewinn-
sucht zu huldigen, so kann er nur schädlich wirken. Auf
solche Weise werden häufig künstliche Krankheiten erzeugt,
und in vielen Fällen der ärztlichen Behandlung kann man
behaupten, daß nachfolgende chronische Krankheiten nur
durch die Schuld der Aerzte hervorgebracht werden, daher
man bei dem gegenwärtigen Zustande der praktischen Arznei-
kunde jeden Kranken vor dem „Mediziner" wie vor dem
gefährlichsten Gifte warnen sollte!

Dieses lehrt vorzüglich die Geschichte der Medizin,
in welcher jede besondere, daher einseitige Theorie der
Medizin eine Zahl von Opfern gefordert hat, welche oft
die verheerendsten Seuchen und langwierigsten Kriege nicht
gefordert haben.

*) Der Medizingenuß würde noch nicht so scharf verurteilt
werden, wenn sich nur allein dasjenige Individuum schädigte, welches
Arzneien schluckt; so aber werden durch die Vererbung ganze Ge-
nerationen dem Medizinsiechtum überantwortet. R.

Prof. Dr. H. Stevens am New-Yorker College der Aerzte sagte in einer Vorlesung zur medizinischen Klasse: „Je älter die Aerzte werden, desto weniger mögen sie an Arzneiwirkungen glauben, und desto mehr vertrauen sie den Kräften der Natur." „Trotz aller unserer gepriesenen Verbesserungen leiden die Kranken ebensoviel, als sie vor vierzig Jahren litten." „Der Grund, weshalb die Medizin so langsam Fortschritte macht, liegt darin, daß die Aerzte statt der Natur die Schriften ihrer Vorgänger studiert haben."

Dr. M. Smith sagt: „Alle Arzneien, welche in die Zirkulation eintreten, vergiften das Blut auf gleiche Weise wie die Gifte, welche eine Krankheit hervorrufen." — „Arzneien heilen keine Krankheit; die letztere wird immer durch die Naturheilkraft kuriert." „Digitalis*) hat Tausende ins Grab befördert." (Dr. Hosack pflegte zu sagen, daß dieses Kraut seinen Namen der Tatsache verdanke, daß es den Weg zum Grabe zeige.)

„Ich weiß sehr wohl", sagt Dr. Carus, „daß vielleicht sieben Zehntel der Menschen nicht an der Krankheit, sondern an unzeitiger, zu vieler Arznei gestorben ist."

Dr. med. Trinks und mit ihm alle menschenfreundlichen Medizin-Aerzte haben schon längst erkannt und ausgesprochen, daß die Medizinheilkunst früher oder später untergehen wird, wie alles, was gegen „Vernunft und Natur streitet." „Der Todeskeim der Medizinkunst", sagt Dr. Trinks, „liegt eben in ihr selbst, in dem immer größer werdenden Zerwürfnis zwischen Wissenschaft und Praxis, und die leidende Menschheit kann durch den Fall der Allopathie (Medizin) nur gewinnen; sie wird sich freuen können über die Linderung und Heilung von tausendjährigem Gebrechen."

Dr. med. Gleich sagt: „Eine Anzahl Kranker stirbt in jedem Jahre bloß allein an den Folgen der arzneilichen Behandlung, ein großer Teil wird durch sie lebensgefährlich siech; dies ist die nackte Wahrheit, und zwar eine harte Wahrheit, dessenungeachtet muß sie um der leidenden Menschheit willen ausgesprochen werden."

Der englische Arzt Dr. Forth sagt: „Es war mir immer unbegreiflich, wie die Leute Vertrauen in die Aerzte

---

*) Gift vom Fingerhut.

und die Arzneikunst setzen konnten. Diese außerordentliche Tatsache läßt sich bloß durch die Trägheit, welcher die Welt sich größtenteils hingibt, erklären. Diese Trägheit läßt diese zerstörende Afterkunst mit gleichgültigen Augen ansehen. Denn wenn sie die Augen öffnen wollten, so würden die Leute einsehen, daß die ganze Arzneikunst nur ein feiner subtiler Betrug und die Aerzte entweder Betrüger oder selbstbetrogene Ignoranten sind. Ein Monarch, der sein Reich von der pestilenziellen Truppe der Aerzte und Apotheker befreite und die medizinische Praxis vollkommen untersagen würde, dieser Fürst verdiente als einer der größten Charaktere, ja als ein Wohltäter des Menschengeschlechts angesehen und verehrt zu werden. Ich glaube nicht, daß ein ehrloserer Handel als der gegenwärtige medizinische sich denken läßt."

Prof. Dr. Barker: „Die Arzneien, welche für Heilung des Scharlachfiebers und der Masern verordnet werden, töten weit mehr als diese Krankheit selbst. Ich habe diese in letzter Zeit ohne Arznei behandelt und vortrefflichen Erfolg erzielt." — „Es gibt — ich sage es ungern — unter den Medizinern eben so viel Empirismus wie unter Pfuschern." — „Statt selbst zu forschen, haben medizinische Schriftsteller nur die Irrtümer ihrer Vorgänger abgeschrieben und dadurch den Fortschritt der medizinischen Wissenschaft verzögert und den Irrtum fortgesetzt."

Prof. Evans-London sagt: „Die medizinische Praxis unserer Zeit ist im besten Falle ein ganz ungewisses und unbefriedigendes System; es liegt weder Philosophie noch gewöhnlicher Menschenverstand in ihm, um es vertrauenswert zu machen."

Prof. Gregory sagt: „Meine Herren, neunundneunzig von hundert medizinischen Tatsachen sind medizinische Lügen, und medizinische Lehren sind meistenteils klarer, offenbarer Unsinn."

„Sicher ist die ungewisse Kunst, welche wir medizinische Wissenschaft nennen, überhaupt keine Wissenschaft, sondern ein wirrer Haufen unzusammenhängender Ansichten, voreilig und oft unrichtig gezogener Schlüsse, mißverstandener und verdrehter Tatsachen von Vergleichungen ohne gleichen, vernunftloser Hypothesen und nicht bloß nutzloser, sondern selbst gefährlicher Theorien." (Dubliner medizinisches Journal.)

Dr. Frank sagt: „Tausende werden jährlich im stillen Krankenzimmer geschlachtet; die Regierungen sollten mit einem Male die Mediziner und ihre herumtappende Kunst verbannen, oder auf bessere Mittel sinnen, das Leben des Volkes mehr als gegenwärtig zu schützen, wo sie sich weit weniger um die Praxis dieser gefährlichen Profession, um die von ihr begangenen Morde als um die unwichtigsten Dinge bekümmern.“

„Wundern wir uns nicht länger über den beklagens= werten, unsere Praxis kennzeichnenden Mangel an Erfolg, solange wir kaum einen gesunden physiologischen Grund= satz besitzen. Ich zögere nicht, wie schwer ich auch unsere Eitelkeit verletzen mag, zu erklären, daß unsere Unwissen= heit über die wirkliche Natur der physiologischen (Krank= heit genannten) Störungen so groß ist, daß es vielleicht besser wäre, garnichts zu tun und das Leiden den Händen der Natur zu überlassen, als — wozu wir häufig ge= zwungen sind — auf die offenbare Gefahr der Beschleu= nigung des Endes unserer Kranken ein — ohne Kennt= nis des Wie und Weshalb unseres Tuns zu handeln.“ M. Magendie, Physiolog und Pathalog.

Dr. Rostock: „Unsere Krankheitskenntnis vermehrt sich nicht im Verhältnis zu unserer versuchsweisen Praxis. Jede verabreichte Medizindosis ist ein blinder Versuch an der Lebenskraft des Kranken.“

„Die medizinische Wissenschaft ist ein barbarisches Kauderwelsch, die Wirkungen unserer Arzneien auf den menschlichen Körper sind im höchsten Grade ungewiß; nur das wissen wir sicher, daß sie mehr Leben zerstört haben als Krieg, Pestilenz und Hungersnot zusammen.“ Dr. J. M. Good.

„Ich erkläre es als meine gewissenhafte, auf lange Erfahrung und Nachdenken gegründete Erfahrung, daß es weniger Krankheit und weniger Sterblichkeit auf Erden gäbe, wenn wir nicht einen einzigen Arzt, Wundarzt, Ge= burtshelfer, Chemiker, Apotheker und Drogisten, über= haupt Arzneien hätten.“ Dr. Jonson.

„Unsere Ideen sind oft unbestimmt und nebelhaft. Wir geben oft Medizinen aufs geradewohl, ohne bestimmte Ideen über die Wirkung, die sie haben sollen, in der Hoffnung, daß sie gute Folgen haben werden. Wenn die Wirkung ausbleibt, so können wir keinen Grund dafür

angeben, wir suchen auch garnicht darnach." Dr. Lauter=
Brunton.

„Von allen medizinischen Wissenschaften ist die The=
rapeutik die unbestimmteste und am wenigsten zufrieden=
stellende in ihrem gegenwärtigen Zustande, und am we=
nigsten fortgeschritten. Es ist zwar kein Mangel an neuen
Mitteln empirischen Ursprungs, die in den letzten 40 Jahren
eingeführt wurden, von denen einige sich bewährten und
eine dauernde Wohltat für die Menschheit zu sein ver=
sprachen (?), doch diese verschwinden gegenüber der un=
zähligen Menge von Plunder, die der Täuschung oder
dem Betrug entsprungen sind, und jahraus jahrein in
Vorschlag kommen, um nach kurzer Zeit unverdienter Po=
pularität wieder vergessen zu werden." Prof. B. Christison.

Sir Astley Cooper, Professor an Guys Spital, sagte:
„Betrachten Sie, meine Herren, hunderte von Patienten,
die ins Spital kommen. Wie erbärmlich ist die Behand=
lung dieser Patienten! Sie bemerken wohl, daß ich nur
selten dieses Spital besuche, und ich will Ihnen sagen
warum. Ich bleibe deshalb fern, weil die Patienten ein
so infames System der Behandlung ertragen müssen, daß
ich es nicht mit ansehen kann. Keine Rücksicht kann mich
bestimmen, daß ich meine Gefühle unterdrücke, und ich
behaupte, daß die jetzige Behandlung der Patienten infam
und schmachvoll ist, denn ihre Gesundheit geht dabei un=
wiederbringlich zu Grunde." Und bei einer andern Ge=
legenheit äußerte dieser große Chirurg: „Die medizinische
Wissenschaft ist auf bloße Vermutungen gegründet und
durch den Mord verbessert."

„Unter Medizinalvergiftungen verstehen wir solche
Intoxicationen (Vergiftungen), deren Schuld wir Aerzte
zu tragen haben. Ihre Zahl ist Legion. Sie kann sich
nur vermindern, wenn der angehende Arzt dem Studium
der Pharmakotherapie (Arzneimittelbehandlung) und Toxi=
kologie (Giftlehre) mehr Zeit zuwendet, als dies heutzu=
tage der Fall ist, und wenn er endlich von der Sucht ab=
lassen wird, neue, noch von keinem Fachpharmakologen
gründlich voruntersuchte Mittel von unbekannter und
schwankender Zusammensetzung sofort am Krankenbette
selbst zu „prüfen". Diese Prüfung ist Tierquälerei und
sollte staatlich verboten werden." Prof. Kobert.*)

*) Lehrbuch der Intoxicationen. pag. 34.

„Leider müssen wir Aerzte eingestehen, daß die Zahl der von uns durch unrichtig dosierte oder unpassende Arzneien getöteten Menschen eine sehr große ist. Man kommt daher als Gerichtsarzt oft genug in die peinliche Lage, einen Kollegen eines Mordes anschuldigen zu müssen, kann ihn aber auch meist damit verteidigen (sic!), daß das fragliche Mittel in der Tat irgendwo in sehr großen Dosen in der Literatur empfohlen ist. — Ein Gift, welches man nicht auch gelegentlich als Arznei versuchsweise verschreiben könnte, kenne ich nicht. . . . . ."*)

Prof. Schwenninger: „Der heiligen Wissenschaft ist ein dicker Zopf gewachsen. Die Praxis aber hat heillosen Respekt vor der alten tauben Dame. Sie gibt sich redlich Mühe, die toten Lehren der Mutter lebendig zu machen. Und das Publikum glaubt ganz harmlos: es sei ein Unterschied, ob es wissenschaftlich oder pfuscherhaft getötet wird." —

Prof. Virchow: „Wir haben keine rationelle Therapie."

Prof. Hufeland: „Die Natur des Menschen hat häufig zwei Feinde zu bekämpfen, die Krankheit — und den Arzt."

Prof. Bock: „Die Heilkunst ist ein trauriges und unsinniges Anhängsel der medizinischen Wissenschaft; denn die bisherige Heilkunst vermag garnichts zu heilen. — Glaube nur, die meisten Kranken sind nur trotz des Arztes und obschon sie Arznei nahmen, gesund geworden. Der Arzt bringt da nur scheinbar Hilfe durch seine Arzneien, wo in der Tat die Natur das Uebel hebt."

Dr. Antong Carlisle: „Die Spitäler sind Institute, in welchen die medizinische Bildung durch Morden gefördert wird."

Dr. Richter: „Keine Wissenschaft ist so voller Trugschlüsse, Irrtümer, Träume und Lügen als gerade die Medizin."

Prof. Roßbach: „In dem einen Jahre schwört die ganze Welt auf das eine, im nächsten Jahre auf das andere Mittel."

Dr. Putzar: „Durch Arzneien kann nur eine Unterdrückung oder Umwandlung der Krankheit erreicht werden, und beides ist nachteilig, denn die unterdrückte Krankheit

---

*) Loc. cit. pag. 81.

3

kommt doch einmal wieder zum Ausbruch, und dann ist sie sehr oft nicht mehr so einfach wie sie war, und der Organismus weniger kräftig. — Es könnte manches Leben, manche Gesundheit gerettet werden, wenn sich die Aerzte losreißen wollten von der Sklaverei der Gifte und von den Fesseln chemischer Kochkunst; es könnte der Wohlstand mancher Familie erhalten werden, wenn der mühsam zurückgelegte Notpfennig nicht in die Kassen der Apotheken wandern müßte."

Dr. med. L. Fränkel: „Wer zählt sie alle, die Qualen und Leiden, alle die schmerzvoll durchwachten Nächte, alle die Verstümmelungen, welche nicht die Krankheit, sondern die Heilmethode durch ihre schmerzerregenden Mittel, ihre Messer und Zangen erzeugt hat?"

Bekannt dürfte der Ausspruch Friedrichs des Großen über die Aerzte sein: „Ich für meinen Teil bin über die Charlatanerien, durch welche die Menschen verführt werden, schon lange aus meinem Irrtum gekommen, und setze den Theologen, den Astrologen, den Adepten (Goldmacher) und den Arzt in eine Klasse."

Weniger bekannt sind die Aussprüche Napoleons des Großen, des I. (des Napoleon le petit nach V. Hugo). Sein Arzt auf St. Helena, Autommarchi, hat sie uns in seinen Memoiren mitgeteilt. „Die Medizin, sagte er einst zu Autommarchi, als dieser ihm eine Arznei aufdrängen wollte, ist eine Sammlung blinder Vorschriften, welche den Armen (den weniger Widerstandsfähigen) töten, dem Reichen bisweilen glücken und dem Gesamtresultat der Menschheit mehr unheilbringend als nützlich ist. Sprechen Sie mir nicht mehr davon, ich bin kein Mensch für Ihre Tränke." — Bei einer späteren Gelegenheit meinte er, wiederum den Doktortrank abweisend: „Ich will nicht zwei Krankheiten haben, die der Natur und die der Medizin. Behalten Sie Ihr Mittel, ich will nicht ein doppeltes Leiden, dasjenige, welches mich schon quält, und das, welches Sie mir einpflanzen werden." Bei einer dritten Gelegenheit schlug er dem Kaiser eine Konsultation mit einem zweiten Arzte vor. „Eine Konsultation, fragte Napoleon entgegen, wozu sollte diese dienen? Ihr würdet nur alle Beide Blindekuh spielen!" Autommarchi wagte endlich doch noch Pillen anzutragen. „Gehen Sie zum Teufel, fuhr Napoleon auf, mit ihren Apothekerwaren,

Hier, Marchand (des Kaisers Kammerdiener), mag sie schlucken. Ich will nichts davon!"

„Was soll die Mehrheit von einer Heilmethode zu hoffen haben, deren Werkzeuge noch furchtbarer wirken als die heftigste und gefahrdrohendste Krankheit? Werden ihr nicht Beispiele vor die Augen geführt, sieht sie nicht täglich Menschen, die weit elender gemacht wurden durch Arzneien, die in der Anwendung so furchtbar wirken, lange Zeit und in furchtbaren Gaben gereicht. Ja, täglich überzeuge ich mich immer mehr von der Wahrheit der Behauptung, daß die Entstehung organischer Fehler oder Verbildungen und Zerstörungen einzig und allein von der Anwendung allopathischer Mittel zu Wege gebracht werden, „eine Wahrheit, von deren Unumstößlichkeit sich jeder Aufmerksame zu überzeugen hinlänglich Gelegenheit haben wird."

Nach allem bereits Angeführten wird sich wohl jedermann klar sein, warum ich von den Medizin=Aerzten zur Anzeige gebracht und von den Vertretern der medizinischen Wissenschaft bekämpft werde. Um Mittel zum Zweck sind sie ja nicht verlegen, da wird der Papa Staat um Hilfe angerufen und die Sachverständigen (?) sagen aus: „Es gibt keinen Heilmagnetismus, es gibt kein magnetisiertes Wasser, das irgend welche Heilkraft besitzt, und man höre und staune: der tierische Magnetismus — auch Mesmerismus genannt — ist schon längst von der „neuen Wissenschaft" (soll wohl heißen von der medizinischen Wissenschaft) verworfen worden usw."

Wie es scheint, hat man vor dem jungen Riesen, dem „Heilmagnetismus", gewaltigen Respekt. Daß wir im Heilmagnetismus sowie im magnetisierten Wasser eine wunderbare Heilkraft besitzen, ist nicht nur von den größten Autoritäten der Wissenschaft anerkannt, sondern auch tausendfach in der Praxis bewiesen worden.

Die Naturheilkunde ist Volksheilkunde — wir werden siegen, das deutsche Volk ist auf unserer Seite. Die große Welle der Naturheilbewegung wird über die Medizinalbewegung hinweggehen und alles verschlingen! Die Wahrheit, das Gute bleibt bestehen, die Gegner der Wahrheit werden untergehen.

Ich will nun noch eine kleine Anzahl Professoren, Aerzte und Naturforscher namhaft machen, die sich fast ein ganzes Menschenalter mit Magnetismus beschäftigt haben und am Schlusse ihrer Forschung zur felsenfesten Ueberzeugung gekommen sind, daß der Magnetismus eine nicht wegzuleugnende Tatsache ist, die nur von denjenigen geleugnet wird, die dadurch geschädigt werden.*)

Prof. Dr. med. G. Jäger, Prof. Dr. med. Wolfahrt, Prof. Dr. med. Ennemoser, Prof. Dr. med. Kieser, Prof. Dr. med. Nees von Esenbeck, Prof. Dr. med. Carus, Leibarzt des Königs Johann von Sachsen, Prof. Dr. med. Perty, Prof. Dr. med. Passavant, Prof. Dr. med. Kluge, Prof. Dr. med. Eschenmayer, Prof. Dr. med. Naße, Prof. Dr. Hufeland usw. usw.

Ferner die Naturforscher, Philosophen Dr. Freiherr von Reichenbach, Dr. Freiherr du Prel, Prof. Hofrichter, Baron von Hellenbach, Dr. phil. Feuerbach. Der große Philosophe Schoppenhauer schreibt: **„Wer den Magnetismus leugnet, ist nicht ungläubig, sondern unwissend zu nennen.“**

Die Namen aller Aerzte aufzuführen, die aus Erfahrung nach langjährigem Forschen für die Existenz des Magnetismus eingetreten sind, ist unmöglich, da ihre Zahl in die Tausende geht.

Die sehr ehrenwerten Aerzte Dr. med. Graßinger, Dr. med. Bönisch, Dr. med. Schmidt, Dr. med. von Hohenbalken, Dr. med. G. von Langsdorf, Dr. med. Schlesinger, Dr. med. Stix u. a. m. haben ihre Rezeptschreibereien schon seit langen Jahren an den Nagel gehängt und machen ausschließlich nur noch magnetische Kuren. Warum? Doch wohl nicht aus dem Grunde, um als Magnetiseure — „Hokuspokus zu treiben“ —, sondern nur auf Grund ihrer Erfahrungen, mit Magnetismus Krankheiten geheilt zu haben, die nach ihrem medizinischen Wissen für unheilbar galten.

„Die Katheder-Medizin und die Zukunfts-Medizin.“

Im letzten Teil der Widmung für den am 11. April 1870 zu Cöthen verstorbenen Magnetiseur, des Sanitätsrats und Dichters Dr. med. Arthur Lutze (gewidmet von Wilh. Nessel) heißt es:**)

---

*) Aus der Zeitschrift „Heil-Magnetismus“.
**) Aus der Zeitschrift „Heil-Magnetismus“.

Ob Frühling, ob Sommer, ob Winter — die Erde ist schön!
Wer wirft aber Dornen uns hin auf den Pfad?
Wir Menschen uns selber, — durch heillose Tat.
Nicht Lieb' und Vernunft sind uns höchstes Gesetz,
Nein, Habsucht und Haß und — Kathedergeschwätz.
Ein Unsinn, recht ernst vom Katheder doziert,
Als Weisheit rasch wird er im Land kolportiert.
Der wirklichen Wissenschaft beugen wir's Knie,
Doch nicht der Verrücktheit und Charlanterie.
Auch ist uns ein Serum und Impftherapie,
Nicht Wissenschaft, — Wahnsinn und Frevel ist sie!
Wer Waisenhauskindern spritzt — Syphilis ein,*)
Der kann nur ein Tor oder Bösewicht sein!
Kann's unseren Kindern nicht auch so ergeh'n?
Kontrolle müßt sein, da, wo Gräuel gescheh'n!
Man impft gegen Pocken an geglichem Ort,
Die Pocken blüh'n da, und die Pocken blüh'n dort.
Der Serum=Großhändler, schon lang Millionär,
Ruht süß auf dem Pfühle des Ruhms und der Ehr.
Wievielen er Grabesruh' aber gebracht,
Darüber wird schlau nicht Statistik gemacht,
Die Vivisektion wär' nur Giftbaumgeäst?
O nein, sie ist schlimmeres, ist Hochschulenpest.**)
Claude Bernhard sogar — und ein Fachmann wie der? —
Aufseufzte im Tod: „Meine Hände sind leer!"
Ich frage drum Eins: Wo liegt unser Heil?
Die heutige Heilzunft, die hält es nicht feil.
Die Zukunftsmethode lobt Wasser, Luft, Licht,
Diät und Magnetismus — mehr braucht sie meist nicht.
Sie setzt auch — sie ist ja nicht „Spezialist" —
Das Messer nur an, wo es notwendig ist.
Der Zeitgeist greift mächtig ins Leben hinein,

---

*) Professor Neisser an der Universität Marburg (z. Zt. von
der Regierung mit unbeschränktem Kredit nach den Java=Inseln
zwecks Studiums der Syphilis an den Affen geschickt) hat derartige
Experimente tatsächlich an mehreren Waisenhauskindern vorge-
nommen. — Eine wissenschaftliche Großtat ersten Ranges.
**) Professor Magendi hat, um den Unterschied zwischen
Empfindungs= und Bewegungsnerven kennen zu lernen, 4000, sage
viertausend Hunde ganz langsam zu Tode gefoltert, und um zu
beweisen, daß die ersten 4000 Tierexperimente unrichtig gewesen
waren, schindet dieser berühmte Ehrenmann abermals 4000 Hunde
ganz langsam zu Tode.

Der Zukunftsarzt wird uns auch Seelenarzt sein!
Dann wird Mutter Erde, mit Tälern und Höh'n,
Noch einmal so schön sein, noch einmal so schön! —

Meine eigenen traurigen Erfahrungen, die ich bei
Krankheitsfällen in der Familie gemacht habe, wiesen
mich auf den „Heilmagnetismus".

Bei der freilich sehr schweren Erkrankung meiner
Frau, wie ich solche in meiner ersten kleinen Broschüre
geschildert habe, war von Hilfe von seiten der Aerzte keine
Rede, denn mit Morphium=Einspritzung und Opium=Tink=
tur kann keine Gesundung erzielt werden. Dieses waren
die Ursachen, weshalb ich mich mit aller Energie auf das
Studium des Hypnotismus, Magnetismus und der mag=
netischen Heilkunde verlegte, und mit dem denkbar besten
Erfolg. Ich hatte die Genugtuung, daß ich durch den
Heilmagnetismus meine bereits am Grabesrand sich be=
findliche Frau nach und nach der Gesundheit wieder zu=
führte, und befindet sich dieselbe dank dem Heilmagnetis=
mus in den denkbar besten Gesundheitsverhältnissen, ja,
sich geradezu verjüngt hat. Ebenso gut wie ich durch
Selbststudium diese wertvollen Kräfte des Magnetismus
und Hypnotismus zur Entwickelung gebracht habe, können
es andere ebenfalls. Es sollte deshalb niemand diese
Mühe scheuen und sich mit ernstem Willen diesem Stu=
dium widmen, die Mühe wird hundertfach belohnt werden.
Es ist meine Ueberzeugung, daß sich wohl in jeder Fa=
milie jemand findet, der sich zur Ausübung des Heilmag=
netismus eignet und somit in der Lage ist, den Wohlstand
in der Familie zu fördern, weil man mit magnetisiertem
Wasser etc. unzähligen Krankheiten vorbeugen kann, mit=
hin die Unkosten für ärztliche Behandlung auf ein Mini=
mum beschränkt werden.

Mein Lehrplan.
Vorbereitende Arbeit.

Aus dem Grunde meiner gemachten Erfahrungen nehme ich Veranlassung, mit der Vorübung zur Erlangung der Energie, der Willenskraft und der Entwickelung der jedem gesunden Menschen innewohnenden magnetischen Kräfte, den Anfang zu machen. Sobald diese Kräfte entwickelt sind, soll mit der Uebung des Magnetisierens begonnen werden, und zu allerletzt werde ich zu den hypnotischen Uebungen übergehen. Jeder Studierende, der diese Uebungen, wie ich solche vorschreiben werde, gewissenhaft mit Energie und Ausdauer ausübt, der wird auch Erfolg haben; man vergegenwärtige sich immer: „Energie und Beharrlichkeit führen zum Ziel."

Auch die Uebungen zum Magnetisieren des Wassers weichen sehr von der gewöhnlichen Methode des Magnetisierens ab. Die Veranlassung dazu waren die Angaben meines von mir in den somnambulen oder Hellseher-Zustand versetzten „Mediums"*). Meine damit erzielten Resultate und Erfolge bestätigen die Richtigkeit dieser Angaben.

Worauf es hauptsächlich ankommt, um im Selbststudium beim Magnetismus wie im Hypnotismus Erfolg zu erzielen, ist in erster Linie: Energie, Ausdauer und Selbstvertrauen notwendig. Man muß wissen was man will, und dem sich einmal gesteckten Ziele unverwandt zuschreiten, dann wird sicher der Erfolg nicht ausbleiben.

Leicht sind die Uebungen ja nicht, jedoch der schließliche Erfolg wiegt diese Mühe hundertfach auf, man bedenke nur, welchen Vorteil man dadurch hat, wenn man der „eigene Hausarzt" sein kann, ja in den allermeisten Fällen durch einfache magnetische Behandlung und durch

---

*) Beschreibung des somnambulen Zustandes unter „Somnambulismus".

magnetisiertes Wasser jeder sich zeigenden Krankheit vorbeugen kann. So hatte ich kürzlich in meiner Familie
einen Fall: In der Schule war das neben meiner kleinen
Tochter sitzende Kind an den Wasserpocken erkrankt, ohne
daß ich davon wußte. Unser Kind klagte über Unwohl-
sein und Jucken an einigen Körperteilen; bei meiner Untersuchung sagte ich: „Das sieht gerade aus wie Wasserpocken!"
— „Ja, sagte die Kleine, das Kind, das in der Schule
neben mir sitzt, hat auch Pocken, sie darf nicht mehr in
die Schule kommen!" Somit war mir gleich alles klar.
Sofort wurde die Kleine in magnetisiertem Wasser geba-
det, außerdem gab ich ihr magnetisiertes Wasser zu trinken.
Nach zwei= oder dreimaligem Bad und Trinken waren alle
Krankheitssymptome geschwunden und die Kleine war so
munter wie vorher, ohne auch nur einen Tag die Schule
versäumt zu haben. Aehnliche Fälle habe ich öfters
beobachtet.

Ich werde mit den Uebungen Schritt für Schritt
weiter gehen, die Erklärung derselben so klar und deutlich
wie nur möglich machen. Ich werde mich genau nur
daran halten, wie ich selbst den Erfolg damit erzielte,
ohne mich an irgend welcher Kritik der Gegner zu stören.
Der Erfolg wird die Richtigkeit beweisen.

Bei den Uebungen des Magnetisierens gehen im
Körper des Lebenden Veränderungen vor, man kann es
wohl damit bezeichnen, daß der Körper dadurch Krank-
heitsstoffe ausscheidet und ihn somit zum Magnetisieren
geeignet vorbereitet. Bei einem jungen Mann, den ich
augenblicklich als Magnetiseur ausbilde, beobachtete ich
folgendes: Oft nach den Uebungen starke Ermüdung, die
allmählich abnahm. Nachdem derselbe etwa 4 Wochen
geübt hatte, klagte er über Halsschmerzen; ich magnetisierte ihm den Hals, einige Stunden später stellte sich
starker Hustenreiz ein, der mit einem starken eiterigen
Auswurf begleitet war und schließlich in Erbrechen über-
ging. Nach dieser Erscheinung trat vollständige Besserung
ein, und ist der Gesundheitszustand jetzt fortdauernd ein
sehr guter.

Da, wie bekannt, die Anlagen zur Entwickelung des
Magnetismus bei den Menschen sehr verschieden sind,
so wird auch der Erfolg verschieden sein. Somit wird
es längere oder kürzere Zeit dauern; dem einen wird's

leichter, dem anderen schwerer fallen, jedoch muß man immer bedenken, daß der Erfolg die gehabte Mühe hundertfach belohnt.

Lektion I.

Wer eignet sich zum Studium des Magnetismus?

Zum Studium des Magnetismus eignet sich jeder moralisch und physisch gesunde Mensch, Herr wie Dame. Mit dem Studium des Magnetismus betritt man ein neues Feld der Wissenschaft, eine neue Lebenssphäre, man tut damit einen sehr wichtigen Schritt im Leben. Der Erfolg in diesem Studium ist von hoher Bedeutung. Er entscheidet oft die eigentliche Sphäre, welche man in Zukunft im Leben einnehmen wird, es kommt nicht darauf an, was man sonst an Fähigkeiten und geistiger Bildung haben mag.

Wenn man die Wissenschaft des Magnetismus und Hypnotismus bemeistert, wird man eine vollständige Kenntnis der Physiologie haben und beherrscht sodann eine ungreifbare geheime Gewalt. Man macht sich damit unabhängig von den Aerzten, viele werden im Familienkreise mit dem Heilmagnetismus segensreich wirken, wieder andere werden denselben als Beruf ergreifen; deshalb gebe sich jeder Mühe, um sicher Erfolg zu haben.

Lektion II.

Wie man die Energie entwickelt!

Als Vorstudium zur Entwicklung des Magnetismus ist es notwendig, die Energie zu entwickeln, und geschieht dieses durch folgende Uebung, welche Sie jedoch gewissenhaft ausführen müssen.

Nehmen Sie ein etwa 2 Liter haltendes weißes Einmacheglas, wie man solche zum Einmachen von Früchten benutzt, fülle dieses bis etwa einen Finger breit vom Rand mit klarem Wasser, stelle es auf den Tisch, hänge oder stelle die Lampe so, daß der Schein auf das Wasser fällt,

4

setze sich bequem davor, sodaß man ohne Anstrengung auf
den Mittelpunkt der Oberfläche des Wassers sehen kann.
Beide Hände lege man ebenfalls bequem auf beide Seiten
des Wasserbehälters und zwar mit etwas gewölbten Fingern,

z. B. so, daß nur die Handballen und die Fingerspitzen
auf dem Tisch aufliegen, oder, wie auf obigem Bilde, daß
sich die Fingerspitzen beider Hände berühren.

Zuvor schreibe man auf einen Zettel, welche Uebung
man gerade machen will, z. B. als erste Uebung **„Ich will
ganz energisch werden."** Diese Worte wiederhole man
mit Anspannung der ganzen Nerven in Gedanken fortwährend, ohne an etwas anderes zu denken, die Augen
so starr als möglich auf den Mittelpunkt des Wassers
gerichtet, ohne den Blick auch nur ein einziges Mal abzuwenden.

Diese Uebung mache man am ersten, zweiten und
dritten Abend, je 20 Minuten lang. Man richtet sich

die Uebung so ein, daß man nach derselben sofort zu
Bette geht und diese Worte weiter in Gedanken wiederholt, bis man einschläft.

Dann beschäftigt sich der Geist noch während des
Schlafens damit und wird es sich umsomehr einprägen,
da das Ganze übrigens eine geistige Uebung ist.

Am vierten, fünften und sechsten Abend verlängere
man diese Uebung auf genau 30 Minuten. Bei dieser
Zeit bleibe man für später immer. Sonntags setze man aus.

Die zweite Woche mache man diese Uebung stets 30
Minuten lang mit der energischen Einprägung: **„Ich will
magnetisch werden.‟** Der energische Ausdruck in Gedanken
ist etwa so, als wenn man jemandem einen bestimmten
Befehl erteilt, der keine Widerrede duldet. Diesen Ausdruck muß man sich in Worten, wie auch in Gedanken
aneignen. Zur Beeinflussung oder Suggestion beim späteren Magnetisieren sind nicht die Worte, sondern der
energische Ausdruck der Gedanken — die Willensübertragung — maßgebend. Allem Anschein nach ist die
Willensübertragung beim Magnetisieren auf die Od-Aus-
strömung von großem Einfluß. Daß die Willensübertragung selbst auf Entfernung wirkt, ist klar; wie wäre
es sonst möglich, wie ich in meiner kleinen Broschüre erkläre, daß ich bei der hypnotischen Vorführung vor hiesigen Aerzten das schlafende Mädchen aus der Entfernung
ohne ein Wort zu sprechen nur durch einen Wink mit der
Hand erweckte! Das war der Einfluß, die Willensübertragung. Ich sagte oder befahl ihr vielmehr in Gedanken:
„Du wirst innerhalb einer Minute ganz langsam erwachen.‟

In der dritten Woche macht man wieder die erste
Uebung: **„Ich will ganz energisch werden‟**; in der vierten
Woche die Uebung: **„Ich will magnetisch werden.‟** Diese
zwei Uebungen müssen unbedingt vier Wochen lang gemacht werden, bevor mit der nächsten Lektion angefangen
wird. Die Wirkung dieser Uebung muß sich zeigen, ehe
man zur weiteren Uebung schreitet.

Auf diese Weise kann man sich irgend eine üble
Angewohnheit abgewöhnen und irgend eine fehlende Eigenschaft angewöhnen; es kann jeder den Versuch machen,
der Erfolg wird meine Behauptung bestätigen, d. h.,
wenn sich der Uebende wirklich Mühe damit gibt. Diese

Uebungen müssen vollständig ohne jede Störung gemacht werden, am besten ist es, ganz allein im Zimmer zu sein.

Lektion III.

Wie man das Magnetisieren des Wassers übt.

Ich gebe durch dieses Verfahren die beste Methode an, wie man wirklich ein Resultat erzielen kann, und das erzielte Resultat bleibt vor allen Dingen die Hauptsache, das ist für den Studierenden mehr wert als alle gelehrten Abhandlungen.

Beim Magnetisieren sind folgende Bedingungen zu erfüllen:

Sauberkeit des ganzen Körpers, insbesondere der Hände.

Daß vorher keine geistigen Getränke getrunken wer=
den, und auch nicht geraucht wird.

Das Glas, worin magnetisiert wird, muß auswendig
ganz trocken und peinlich sauber sein.

Niemals soll man magnetisieren, wenn man sich selbst
nicht ganz wohl fühlt.

Möglichst immer dieselbe Zeit zum Magnetisieren
einhalten; am besten hierzu eignet sich die Zeit des Mor=
gens nach dem Frühstück.

Es soll nicht die geringste Störung beim Magneti=
sieren stattfinden.

Man nehme ein möglichst dünnes Wasserglas, fülle
dieses bis beinahe zum Rand mit klarem Wasser, stelle
es sodann, wie das Bild auf Seite 28 veranschaulicht, in die
flache linke Hand, und umschließe dasselbe leicht mit den
Fingern. Die rechte Hand halte man mit gekrümmten
Fingern über das Glas, möglichst nahe dem Wasser, je=
doch ohne das Wasser zu berühren.

Hat man nun diese Stellung zum Magnetisieren ein=
genommen, welches im Sitzen oder Stehen geschehen kann,
so tritt die in Lektion II geübte Willenskraft in Tätigkeit.
Der Blick wird mit möglichst starrem Ausdruck auf den
Mittelpunkt des Wassers gerichtet. Die Gedanken werden
ausschließlich nur auf den Gegenstand des Magnetisierens
gerichtet.

Die Nerven werden angespannt mit dem positiven
Willen, daß das Wasser magnetisch werden muß.

In diesem Zustand verharre man 5 Minuten lang,
sodann lasse man mit der Nerven= und Willensanspannung
nach und ruhe sich etwas aus, sodann trinke man ganz
langsam das soeben magnetisierte Wasser. Dieses ist ab=
solut notwendig und hängt dadurch viel zum Erfolg ab.

Diese Uebung mache man zwei Wochen lang mit 5
Minuten Magnetisier=Zeit, Sonntags aussetzen.

Sollten jedoch mehrere Tage wegen irgend einer Ur=
sache ausgesetzt sein, so ist die Uebung um eine Woche
zu verlängern.

Nach dieser Zeit wird dieselbe Uebung um weitere
zwei Wochen verlängert, jedoch mit dem Unterschied,
daß die Zeit des Magnetisierens ebenfalls auf je zehn
Minuten verlängert wird, und das Wasser gleichfalls
nach jeder Uebung getrunken wird. Ich betone nochmals,

daß es absolut notwendig ift, das selbst magnetisierte
Waffer zu trinken.

Hat man die vorstehenden Uebungen gewissenhaft
durchgeführt, so kann man unter normalen Verhältnissen
als sicher annehmen, daß der Magnetismus jetzt soweit
entwickelt ift, daß das magnetisierte Waffer von da ab
schon für Heilzwecke benutzt werden kann.

Lektion IV.
Das Magnetisieren des Waffers für Heilzwecke.

Magnetisiertes Waffer ift eine Universalarznei und
wirkt ebenso vortrefflich bei innerem Gebrauch, nämlich
durch Trinken desselben, als auch äußerlich angewandt
bei naffen Umschlägen, Waschungen und Bädern.

Will man Waffer für Heilzwecke magnetisieren, so soll
man sich in erster Linie darüber im klaren sein, ob man
dasselbe positiv oder negativ magnetisieren soll. Das
Waffer wird z. B. positiv magnetisiert, wenn die linke
Hand des Magnetiseurs (der negative Pol) unten, und
die rechte Hand (der positive Pol) oberhalb des zu mag-
netisierenden Gegenstandes gehalten wird. Beim weiblichen
Geschlecht ift die Polarität genau das Gegenteil, somit
muß, um positives Waffer zu erhalten, die linke Hand
oben und bei negativem Waffer die rechte Hand oberhalb
des Waffers gehalten werden.

Positiv magnetisiertes Waffer wirkt stets zuleitend,
zuführend, und negativ magnetisiertes Waffer ableitend.
Wo Stuhlverstopfung vorhanden ift, wird stets negativ
magnetisiertes Waffer verabreicht; bei Diarrhöe usw. positiv magnetisiertes Waffer, dieses bildet im allgemeinen
die Grundlage bei den Behandlungen.

Bei Bädern magnetisiere ich nicht, wie es viele andere Magnetiseure machen, das Waffer in der Badewanne,
sondern ich schütte drei Liter magnetisiertes Waffer in
das zubereitete Bad hinein.

Ein magnetisiertes Bad ift von ganz hervorragender
Bedeutung und in vielen Krankheitsfällen unerläßlich.

Lektion V.

Woran erkennt man das magnetisierte Wasser?

Magnetisiertes Wasser sowie jeden anderen magnetisierten Gegenstand erkennt man in erster Linie an der
Wirkung, die derselbe auf den erkrankten Körper ausübt.
Sensitive Personen erkennen das magnetisierte Wasser am
Geschmack. Nach neuesten Forschungen soll man auch auf
folgende Weise konstatieren können, ob das Wasser magnetisiert ist oder nicht. Man befestigt eine etwa 20 Ztm.
lange Magnetnadel freischwebend an einem Haar; bringt
man ein Glas magnetisierten Wassers in die Nähe der
Magnetnadel so soll diese von dem magnetisierten Wasser
angezogen resp. abgestoßen werden, während nicht magnetisiertes Wasser auf die Magnetnadel keine Wirkung
hervorbringen soll. Auch soll man auf diese Art ganz
genau die mehr oder weniger vorhandene magnetische
Kraft des Magnetiseurs kontrollieren können.

Die magnetische Kraft entwickelt sich immer stärker
durch fortwährende Uebungen, d. h. es soll jeden Tag
wenigstens einmal magnetisiert werden, denn selbst ein
geübter Magnetiseur würde diese Kraft, wenn er sie nicht
beständig üben würde, wieder verlieren. Das magnetisierte
Wasser hält sich im Gegensatz zu gewöhnlichem Wasser
sehr lange in frischem Zustande, in gutverschlossener
Flasche an kühlem Orte aufbewahrt. Die verschiedene
Verwendungsweise bei Krankheitsfällen werde ich näher
bei der „magnetischen Heilweise" erklären.

Lektion VI.

Das Studium des Hypnotismus nach meinen damit gemachten Erfahrungen.

Es gibt so unendlich viele Lehrbücher zum Selbststudium des Hypnotismus zum Preise von einigen Pfennigen
bis zu 25 Mark. Ich habe wohl alle bekannten derartigen
Lehrbücher studiert, ohne auch nur annähernd zum Ziel
zu gelangen. In all diesen Büchern wird immer ein und
dasselbe wiederholt, nämlich die vielen Einschläferungs-
Methoden; jedoch wie diese Methode von einem Laien,

der keine Ahnung vom Hypnotisieren hat, geübt und er=
reicht werden kann, darüber werden wir in den aller=
wenigsten dieser Bücher belehrt. Am nächsten hierin
kommt wohl der Lehr=Kursus vom Rochester = Institut
Amerika; jedoch kostet dieser Kursus 25 Mark, auch die
Versprechungen, die hierin gemacht werden, erfüllen sich
lange nicht alle. Uebrigens ist der Wert des Hypnotismus
nicht derartig, wofür derselbe in Laienkreisen gehalten
wird, ausgenommen man benutzt ihn zu Spielereien und
Unterhaltungszwecken, aber richtig verstanden und ange=
wandt wirkt er auch für Heilzwecke sehr segensreich. Als
ich mich, der Not gehorchend, dem ernsten Studium des
Hypnotismus widmete, geschah dieses mit der Absicht, die
seit langer Zeit als unheilbar erklärte Erkrankung meiner
Frau mittelst des Hypnotismus möglicherweise noch zu
heilen. Dank meinen ganz besonderen Anlagen hierzu,
leistete ich in verhältnismäßig kurzer Zeit ganz Hervor=
ragendes auf diesem Gebiet, wie ich solches am 14. April
1904 durch Vorführung zweier Patienten in der Hypnose
zwecks Vornahme verschiedener schwierigen Zahnoperationen
in meinem Zahn=Atelier vor versammelten hiesigen Aerzten,
Offizieren und Zivilpersonen bewiesen habe. Als ich je=
doch damit zur beabsichtigten Heilung in dem schweren
Krankheitsfall meiner Frau schritt, mußte ich erkennen,
daß ich mit Hypnotismus nicht im geringsten auf meine
Frau einwirken konnte. Da ich nun über ein sehr leicht
empfängliches Medium verfügte, so entschloß ich mich,
einen Versuch zu machen, um dieses Medium durch fort=
gesetzten möglichst tiefen Schlaf in den Zustand des „Hell=
sehens" zu bringen, was mir auch ganz hervorragend
gelang. Hierdurch erhielt ich die merkwürdigsten Mit=
teilungen, unter anderm auch daß in diesem Krankheits=
fall nicht mit Hypnotismus, sondern nur durch Magnetis=
mus zu helfen sei. Betreffs der Hypnose teilte mir das
Medium mit, in welchen Krankheitsfällen die Hypnose
mit Erfolg angewandt werden könne. (Näheres darüber
unter Somnambulismus.) Wenn man die vielen An=
preisungen über das Selbststudium des Hypnotismus liest,
so erhält man den Eindruck, daß dieses spielend leicht sei;
dem ist jedoch nicht so! Ich behaupte sogar, daß es recht
schwierig ist, ausgenommen, es hat jemand ganz besondere
Anlagen dazu.

Wohl in den wenigsten Fällen wird es einem Studierenden gelingen, auf diese Art Erfolg zu erzielen, aus dem einfachen Grunde, daß die Kräfte dazu nicht entwickelt sind. Um nun die Kräfte, deren man benötigt, um im Hypnotismus Erfolg zu haben, zur Entwickelung zu bringen, habe ich in meinem Lehrplan mit den Uebungen zur Entwickelung der Energie und des Magnetismus begonnen. Und das aus folgenden Gründen: erstens ist der Magnetismus zur allgemeinen Benutzung viel wertvoller, und zweitens ist er die beste Vorbereitung zur Ausübung des Hypnotismus.

Lektion VII.

Erschlaffung der Muskeln.

Für viele Leute ist es schwierig, die Muskeln gänzlich ruhen zu lassen; es wird ihnen schwer, sich in einen passiven Zustand zu versetzen. Die meisten Leute erlangen nicht die nötige Erholung, wenn sie sich setzen, aus dem einfachen Grunde, weil sie nicht imstande sind, ihre Muskeln erschlaffen zu lassen. Sie erhalten dieselben stets in Spannung und sind deshalb immer müde. Eine Person, die sich niedersetzen und ihre Muskeln vollständig erschlaffen lassen kann, wird sich in kurzer Zeit mehr erholen als eine Person, die ihre Muskeln angespannt erhält. Jeder kann es lernen, sich in einen passiven Zustand zu versetzen, seine Muskeln erschlaffen zu lassen. Viele können es tun, ohne es gelernt zu haben. Jeder soll es versuchen und, der es nicht kann, soll es lernen; es ist wegen des Nutzens, den man davon hat. Es bewahrt vor Nervosität und verlängert das Leben. Viele Menschen beklagen sich, daß sie überarbeitet sind; sie sind nervös und leiden an nervöser Unverdaulichkeit, aus dem einfachen Grunde, weil sie sich nicht in einen passiven Zustand versetzen können, sie erhalten ihre Muskeln und Nerven in fortwährender Spannung und dieses wird mit der Zeit die kräftigste Konstitution untergraben. Viele glauben, sie könnten sich vollständig erschlaffen lassen, obgleich sie es nicht tun können. Wenn jemand diese Fähigkeit nicht besitzt, soll er sich dieselbe durch Uebung aneignen, weil es von hoher

Bedeutung für seine Gesundheit und sein Wohlbefinden ist. Die Hälfte derjenigen, welche übellaunig und nervös sind, befinden sich nur deshalb in dem Zustande, weil sie sich nicht in einen passiven Zustand versetzen können, sie erlangen keine absolute Ruhe; das Nervensystem ist überarbeitet, und Elend und Unzufriedenheit sind die natürlichen Folgen. Wenn man auf einem Stuhl sitzt und zieht die Füße nach dem Stuhl zurück, so sitzt man eben nicht in einem passiven Zustand, sondern hat die Nerven angestrengt, in diesem Zustande ruht man nicht. Um einen passiven Zustand zu erreichen, muß man alle Muskeln ganz erschlaffen lassen; erst dann ruhen sich die Muskeln vollständig aus.

Hat man nun eine Versuchsperson, mit der man eine Uebung vornehmen will, so ist es notwendig, dieser Person klar zu machen, daß sich dieselbe zu diesem Zweck in einen passiven Zustand versetzen soll, d. h. sie soll ihre Nerven in keiner Weise anstrengen, sondern sie soll sich ganz gehen lassen. Man kann es ganz leicht kontrollieren, ob sich die Versuchsperson in einem passiven Zustand befindet oder nicht. Um sich davon zu überzeugen, stelle man sich hinter die Person, lege die Hand auf ihre Schulter und ziehe dieselbe leicht zurück. Macht sich kein Widerstand bemerkbar, und die Person läßt sich leicht zurückziehen, so hat sich dieselbe in einem passiven Zustande befunden. Steht jedoch die Versuchsperson mit steifen Gliedern da, so kann man auch keinen Einfluß auf dieselbe ausüben. Man erkläre der Versuchsperson folgendes: Sie soll sich aufrecht hinstellen, die Füße zusammen, den Kopf in die Höhe, die Hände an den Seiten herunter hängen lassen, die Augen geschlossen und die Muskeln erschlafft. Sie möge sich dem Einfluß nicht widersetzen, sondern, wenn sie die Neigung verspürt, rückwärts zu fallen, soll sie sich ruhig gehen lassen und daß man sie auffangen werde, damit sie nicht fällt.

Erste Uebung.

Wenn nun die Person dasteht, wie man es ihr befohlen hat, so lege man die rechte Handfläche auf den Hinterkopf derselben an die Basis des Gehirns und sage derselben, sie möge ihren Kopf ruhig auf der Hand ruhen laffen. Nun lege man von der Seite aus die linke Hand flach auf die Stirne der Versuchsperson und drücke deren Kopf leicht gegen die linke Hand. Nun sagt man zur Versuchsperson, sie möge denken, daß sie rückwärts falle, oder sie möge in Gedanken die Worte wiederholen: „**Ich falle rückwärts, ich falle rückwärts,** und so fort." Man halte die Hand oder vielmehr beide Hände ½ Minute lang unbeweglich und dann sage man in langsamem, aber festem Tone: „**Wenn — ich — meine — Hand — von — Ihnen — zurückziehe, — werden — Sie — langsam — rückwärts — fallen.**" Sodann entfernt man von der Versuchsperson die linke Hand, indem man sie ganz langsam nach rückwärts an der Seite des Kopfes entlang über dem Ohre zurückzieht. Nachdem dieses geschehen, entferne man auch ganz langsam die rechte Hand in derselben Stellung, wie man die Hand an dem Hinterkopfe liegen hatte, sodaß man bei etwaigem Fallen der Person diese sofort auffangen kann. Die rechte Hand entferne man sehr langsam, so daß die Bewegung kaum bemerkbar ist.

Indem man die rechte Hand entfernt, sage man in demselben Tone wie vorhin: „**Sie — fallen — jetzt — rückwärts, — Sie — fallen — rückwärts, — Sie — fallen — rückwärts.**" Der Ton braucht absolut nicht laut zu sein; jedoch mit energischem Ausdruck, etwa in dem Tone und Ausdruck, wie man solchen in Lektion II geübt hat. Macht man diese Uebung richtig, so wird die Versuchsperson auch auf die Beeinflussung reagieren, und sie wird rückwärts fallen, und somit wäre der erste Erfolg erzielt. Sollte man jedoch wieder erwarten, mit der ersten Probe keinen Erfolg zu erzielen, so lasse man sich dadurch durchaus nicht abschrecken und versuche es entweder bei derselben Person nochmals, oder wähle sich eine andere Versuchsperson. Dieses gilt auch für alle folgenden Proben. Man muß sich fest vornehmen, Erfolg zu erzielen, dann wird man auch Erfolg haben.

Probe des Rückwärtsfallens mittelst Einwirkung der hypnotischen Kugel.

Man ersucht die Versuchsperson ebenfalls wie bei der ersten Probe, eine aufrechte Stellung einzunehmen, mit dem Kopf in die Höhe, die Fersen geschlossen und die Hände an der Seite herunterhängend, die Augen zu schließen und die Muskeln erschlaffen zu lassen. Um sich zu vergewissern, ob dieses geschieht, lege man die Hand auf deren Schulter und versuche die Person ein wenig zurückzuziehen. Wenn dieses mit Leichtigkeit geschehen kann, so ist dieses ein Zeichen, daß die Anweisung befolgt worden ist.

Wenn die Person mit steifen Gliedern dasteht und sich deshalb schwer zurückziehen läßt, so ist das ein Zeichen, daß sich dieselbe widersetzen und in diesem Zustande auch auf keine Beeinflussung reagieren wird. Hat man sich überzeugt, daß die Person mit erschlafften Gliedern dasteht, so halte man die hypnotische Kugel gegen den Hinterkopf an der Basis des Gehirns, indem man die Kugel mit der rechten Hand hält. Nun lege man seine linke Hand auf die Stirne der Versuchsperson und drücke deren Kopf ein wenig gegen die Kugel. Man halte die Kugel einige Sekunden regungslos fest gegen den Kopf gedrückt. Nun sage man zur Versuchsperson, sie solle sich rückwärtsfallend wähnen, oder besser, für sich in Gedanken die Worte wiederholend: **„Ich falle rückwärts, ich falle rückwärts usw."** Nun spreche man in langsamem, festem Tone: **„Wenn — ich — diese — Kugel — zurückziehe — werden — Sie — langsam — rückwärts — fallen."** Dieses wiederhole man, wenn es nötig ist. Während dieser Zeit entferne man die linke Hand von der Stirne der Versuchsperson, wie solches in der ersten Probe angegeben ist. Man entferne sodann die Kugel sehr langsam vom Kopfe der Versuchsperson, so langsam, daß die Bewegung kaum bemerkbar ist. Während des Zurückziehens der hypnotischen Kugel sage man in langsamem, festem Tone: **„Sie — fallen — rückwärts — Sie — fallen — rückwärts usw."** Der Einfluß durch die hypnotische Kugel auf die Versuchsperson ist unbedingt für den Anfänger wirksamer.

Die Probe des Vorwärtsziehens mittelst der Hände.

Zu dieser Probe wähle man eine Person, mit der man bei der ersten Probe bereits Erfolg gehabt hat, also jemand, der leicht rückwärts fällt.

Man fordere die Versuchsperson auf, sich so hinzustellen, wie ich es bei der ersten Probe erklärt habe.

Man halte die Fingerspitzen einige Sekunden lang
an dessen Schläfe, also mit den Fingern der rechten Hand
die linke Schläfe und mit der linken Hand die rechte
Schläfe der Versuchsperson. Nun ersuche man die Versuchsperson, direkt in die Augen des Operateurs zu sehen;
der Operateur muß mit einem festen, scharfen Blick auf
die Nasenwurzel, zwischen die Augen der Versuchsperson
sehen. Nachdem man so einige Sekunden in dieser Stellung
auf die Versuchsperson eingewirkt hat, so sage man in
langsamem, festem Tone, jedes Wort scharf betonend:
**„Jetzt — wenn — ich — meine — Hände — von —
Ihnen — zurückziehe — werden — Sie — vorwärts —
fallen."** Nun ziehe man die Hände sehr langsam von der
Versuchsperson fort, und sage während des Wegziehens
genau im Tone wie vorhin: **„Sie — fallen — jetzt —
vorwärts — Sie — fallen — vorwärts — Sie — fallen — vorwärts."** Beim Wegziehen der Hände behalte
man diese in derselben Richtung, ziehe sich mehr mit dem
ganzen Körper rückwärts, die Augen bleiben fest auf die
Versuchsperson gerichtet. Wenn diese Uebung richtig ausgeführt wird, so ist ein Mißerfolg ganz ausgeschlossen.
Bei diesem Versuch kommt schon ganz entschieden die
Entwickelung der Energie von **Lektion II** zur Geltung.
Bevor man zu dieser zweiten Uebung schreitet, soll man
der Versuchsperson klar machen, daß, sobald ihr dieser
Versuch lächerlich vorkommt, absolut kein Resultat zu
erzielen ist.

Die hypnotische Kugel ist auch bei dieser Uebung entschieden von Vorteil, mit derselben kann man auf mehr
Personen einwirken als mit den Händen allein. Man
stellt sich zu diesem Zweck vor die Versuchsperson hin
und hält die Kugel etwa 10—12 cm von deren Augen
entfernt und fordert sie auf, den strahlenden Gegenstand
im Mittelpunkt der Kugel fest anzublicken. Man halte
die Kugel etwa eine halbe Minute regungslos, sodann
spreche man in ganz entschiedenem Tone: **„Wenn — ich
— diese — Kugel — von — Ihnen — zurückziehe,
werden — Sie — der — Kugel — folgen."** Nun ziehe
man die Kugel sehr langsam von der Person zurück, und
wenn dieselbe empfänglich ist, wird sie vorwärts fallen.

Die Probe des Händefesselns.

Hier bereits liegt für viele der Stein des Anstoßes, ich bin jedoch überzeugt, daß ich dadurch die Schwierig= keiten für die Studierenden dieses Kursus überwunden habe, indem ich im ersten Teil zuerst die Uebungen zur Entwickelung der Energie und des Magnetismus gelehrt habe. Denn, um einer Person die Hände zusammen= fesseln zu können, erfordert es schon eine ganz bedeutende Energie=Entwickelung, was jeder Studierende bald ein= sehen wird. Hat man einmal diese Schwierigkeit über= wunden, so ist der Erfolg im Hypnotisieren nur noch eine Frage der Zeit.

Zu diesem Versuche nimmt man jemand, mit dem man bereits in den zwei vorhergehenden Proben Erfolg gehabt hat, also jemand, der leicht rückwärts und vor= wärts fällt.

Man fordert die Versuchsperson auf, sich aufrecht hinzustellen und seine Hände zu falten. Die Finger sollen fest ineinander geschlungen sein und durch energischen Druck zusammen gehalten werden. Die Arme steif und regungslos zu halten und zu denken, daß er seine Hände wirklich nicht auseinander bringen könne, oder besser noch, bei sich selbst in Gedanken die Worte wiederholen: **„Ich kann meine Hände nicht auseinander bringen, ich kann sie nicht auseinander bringen usw."**

Die Versuchsperson darf absolut nicht lachen und die Sache in oberflächlicher Weise auffassen, sondern muß sich wirklich einbilden, daß ihre Hände zusammengefesselt sind. Der Operateur muß seine Hände auf die der Versuchs= person legen und letztere auffordern, ihm direkt in die Augen zu sehen. Man präge der Person ein, daß sie nicht wegsehen darf. Der Operateur muß zu gleicher Zeit der Versuchsperson zwischen die Augen sehen, und zwar mit einem festen, scharfen Blick, ohne den Blick auch nur einen einzigen Moment von derselben abzuwenden. Der Operateur muß mit seinem Blick den Blick der Ver= suchsperson vollständig bannen. Wer den starren Aus= druck der Augen noch nicht bemeistert, der mache noch Uebung wie in **Lektion II** angegeben, um sich den starren Ausdruck anzueignen.

Jetzt spreche man zur Versuchsperson in ganz festem

Tone: „**Sie werden finden, daß Ihre Hände fest zusammengefesselt sind, fest, — fester, — fest. Sie können
sie nicht auseinander bringen.**" Wenn der Operateur
dieses das zweite Mal gesprochen hat, soll er seine Hände
langsam von der Versuchsperson zurückziehen, um ihr
Gelegenheit zu geben, den Versuch zu machen, ihre Hände
auseinander zu bringen. Solange die Hände des Operateurs auf denjenigen der Versuchsperson sind, sollte er
dieselben fortwährend bewegen und die Hände der Versuchsperson leicht drücken, jedoch so leicht, daß derselben
nicht im geringsten wehe getan wird, da dieses die Wirkung zerstören würde.

Man kann auch, anstatt die Hände der Versuchsperson
zu drücken, die Arme derselben streichen, indem man bei
den Schultern anfängt und abwärts über die Hände hinab
streicht; diese Streichungen werden wiederholt, bis der
Operateur bereit ist, die Suggestion zu geben, daß die
Person die Hände nicht auseinander bringen kann. Wenn
die Hände von der Versuchsperson gezogen werden, sollen
die Hände auch noch in derselben Richtung bleiben und
mit der Suggestion fortfahren: „**Sie — können — Ihre
— Hände — nicht — auseinander bringen**, und bei jeder
nachfolgenden Suggestion immer positiver werden und
immer mehr Energie entwickeln, bis zum Höhepunkt. Die
Augen des Operateurs müssen während der ganzen Zeit
mit ganz energischem Ausdruck auf die Nasenwurzel der
Versuchsperson gerichtet sein, denn gewöhnlich hält dieser
Einfluß nur solange an, als der energische Ausdruck auf
die Versuchsperson einwirkt.

Wie man den Einfluß entfernt.

Hat nun die Versuchsperson einen Versuch gemacht,
um ihre Hände auseinander zu bringen, und ist ihr dieses
nicht gelungen, so soll der Operateur seine Hände fest
zusammen schlagen, daß er einen scharfen Laut hervorbringt und dabei fest sagen: „**Wach auf**" und dieses wiederholen, wenn es nötig ist, bis der Einfluß aufgehoben ist,
was meist sehr schnell geschieht. Falls die Hände der
Versuchsperson nicht schnell auseinandergehen, soll der
Operateur dieselben nehmen, und fest zusammen drücken
und mit fester Stimme sagen: „**Wenn ich jetzt drei zähle,
werden Sie Ihre Hände auseinanderbringen.**"

Nun zähle der Operateur: „**Eins — zwei — drei**",
sobald er drei sagt, seine Hände fest zusammenschlagen
und mit fester Stimme sagen: „**Jetzt können Sie Ihre
Hände auseinander bringen, — Wache auf.**"

Die Wissenschaft des Hypnotismus legt das geheime
Gesetz des persönlichen Einflusses klar.

Um ein guter Hypnotiseur zu sein, muß man sicher
und beharrlich sein. Man harre aus und man wird
Sicherheit erlangen. Folglich sind die einzigen Grundbe-
dingungen Beharrlichkeit und der Wille zum Lernen. Jemand, der aufhört, weil er mit den ersten Versuchen nicht
erfolgreich war, wird niemals einen glänzenden Erfolg zu
verzeichnen haben. Es gibt viele solcher Leute in der
Welt. Wenn man sich einen festen Charakter ausbilden
will, gibt es hierzu kein besseres Mittel als die Uebungen,
wie ich solche in **Lektion II** angegeben habe; auf diese
Weise kann man sich irgend eine üble Angewohnheit abgewöhnen und irgend eine gute Eigenschaft angewöhnen.
Ohne die Uebungen zur Entwickelung der Energie, der
Willenskraft und des Magnetismus kann man auch keinen
Menschen derartig beeinflussen, um ihn in den Zustand
der Hypnose versetzen zu können.

Hypnotismus.

Lektion VIII.

Bevor man mit jemand den Versuch macht, denselben
hypnotisieren zu wollen, soll man demselben eine verständ-
liche Erklärung über den Gegenstand geben. Man präge
der Person die Harmlosigkeit des Hypnotismus ein und
erkläre ihr, daß sie nicht hypnotisiert werden kann, wenn
sie sich widersetzt oder ihre Aufmerksamkeit nicht auf die
gegebenen Suggestionen konzentriert, und daß, wenn dieselbe hypnotisiert ist, der Operateur weiter keine Gewalt
über sie hat als den momentanen Einfluß, welchen man
ausübt.

Man präge der Versuchsperson ein, daß sie ihre Gedanken nur auf den Schlaf konzentrieren soll, daß sie

denkt, daß sie ganz bestimmt einschlafen werde, oder noch besser, sie soll in Gedanken immer die Worte wiederholen: **„Ich schlafe ein, — ich werde fest einschlafen."** Kann man auf diese Weise auf den Patienten einwirken, daß er dieser Weisung folgt, so ist damit schon viel erreicht. Manche meinen, sie können nicht einschlafen; diesen sage man, sie sollen daran nicht denken, sondern ihre Gedanken einzig nur auf den Schlaf richten.

Eine Vorbedingung beim Hypnotisieren ist vollständige Ruhe; jeder Lärm, jede laute Bewegung, ja selbst das starke Ticken einer Wanduhr wirkt störend.

Am besten eignen sich als Versuchspersonen solche im Alter von 15 bis 30 Jahren beiderlei Geschlechts.

Hypnotismus.
Lektion IX.
Wie man mit dem Hypnotisieren beginnt.

Man läßt die Versuchsperson auf einem Stuhl oder Sessel bequem Platz nehmen, mit dem Rücken gegen das Licht. Nun gebe man der Person irgend einen kleinen glänzenden Gegenstand in die linke Hand, z. B. einen blanken Kragenknopf oder den geschliffenen Stein eines Ringes usw. Die Versuchsperson soll diesen Gegenstand zwischen Daumen und Zeigefinger nehmen und den Gegenstand in Höhe der Nasenwurzel, etwa 10—15 Ctm. von den Augen entfernt halten. Man schärfe dabei der Person ein, den Gegenstand unverwandt anzublicken und nur an den Schlaf zu denken. Ist die Versuchsperson empfänglich, so wird sie oft nach 5 Minuten bereits schlafen, oder sich doch in einem Zustand befinden, der dem Schlaf sehr nahe ist. Während dieser Zeit ist es am besten, wenn der Operateur vor der Versuchsperson steht, mit seiner linken Hand die rechte Hand derselben erfaßt hat, und die rechte Hand etwa 1 Ctm. über dem Kopfe der Person hält, wie solches auf dem Bilde gezeigt ist. Den Blick scharf auf die Nasenwurzel der Person gerichtet. Nach 5—8 Minuten, wenn der Operateur eine Wirkung beobachtet, so spreche er mit ganz ruhiger, eintöniger Stimme: „**Ihre — Augenlider — werden — schwer — Ihre — Augen — werden — müde —, sie — werden feucht —, sie — blinzeln —, Sie — können — nicht mehr — klar — sehen —, Ihre — Augenlider — fallen — zu.**" Wenn sich die Augenlider der Versuchsperson bis dahin noch nicht geschlossen haben, so sage man: „**Schließen — Sie — Ihre — Augen — und — schlafen — Sie — jetzt — fest — ein.**"

Schläft die Versuchsperson dann noch nicht, so kann man diese Schlafformel nochmals wiederholen; ist auch diese erfolglos, so hat eine weitere Wiederholung keinen Zweck mehr.

Scheint die Person zu schlafen, und ist man dessen noch nicht sicher, so verfährt man folgendermaßen: Man nimmt der Person den Gegenstand, den sie zwischen den Fingern gehalten hat, fort. Sodann nimmt man ihren Arm, bringt ihn in wagerechte Stellung, erfaßt ihre Hand und streicht mit der rechten Hand, bei der Schulter beginnend, den Arm entlang bis über die Hand. Dieses wiederholt man, bei jedem Strich hält man etwas beim Ellbogengelenk an, umfaßt dieses mit der Hand und drückt es etwas. Bei diesen Streichungen gibt man folgende Suggestion: **„Ihr Arm ist jetzt starr und steif —, Sie können ihn nicht mehr bewegen —, Sie können ihn nicht biegen —, Sie haben kein Gefühl in dem Arm."** Diese Suggestion muß wenigstens zweimal wiederholt werden. Befindet sich die Person wirklich in hypnotischem Schlaf, so wird der Arm ganz steif sein, sodaß man denselben nicht biegen kann, und ebenfalls wird der Arm ganz gefühllos sein, wovon man sich überzeugen kann, wenn man mit den Fingernägeln das Fleisch kneift. Um nun den steifen und gefühllosen Arm wieder in den normalen Zustand zu versetzen, genügt es, daß man ein- oder zweimal mit der rechten Hand von der Hand aufwärts schnell nach der Schulter streift und dabei folgende Suggestion gibt: **„Jetzt können Sie den Arm wieder biegen —, jetzt ist er wieder ganz normal."** Läßt die Person den Arm nicht von allein sinken, so hilft man etwas mit, indem man, wenn man ihre Hand noch hält, mit der rechten Hand ganz leicht in das Ellbogengelenk drückt. Will man mit der schlafenden Person irgend welche Experimente machen, so soll man sie noch tiefer in Schlaf versetzen; dieses macht man folgendermaßen: Man stellt sich vor die Person hin und macht mit beiden Händen magnetische Streichungen, wie solche auf dem Bild gezeigt sind. Die Striche sollen oberhalb des Kopfes angefangen werden, seitwärts an der Schläfe heruntergehen, über Brust und Leib bis zu den Knien. Je mehr Striche gemacht werden, je tiefer wird der Schlaf sein. Nun kann man die schlafende Person zu irgend einem Experiment benutzen, mit geschlossenen oder mit geöffneten Augen. Man tut gut, bevor man ein Experiment beginnt, folgendes zu suggerieren: **„Sie hören nur meine Stimme und Sie werden alles tun, was ich Ihnen befehle; haben Sie mich verstanden?"** Sobald die Person mit „Ja" antwortet, so kann man mit Experimentieren anfangen. Antwortet sie jedoch nicht, oder murmelt nur unverständlich, so muß obige Suggestion wiederholt werden, bis Antwort erfolgt.

Das Oeffnen der Augen macht man folgendermaßen: Man lege die linke Hand flach auf den Kopf des Schlafenden, den Daumen auf die Nasenwurzel, sodann streiche man mit dem Daumen aufwärts nach der Stirne und sage mit fester Stimme: **„Oeffne die Augen"**; in den

meisten Fällen wird es sofort geschehen. Sollte die schla=
fende Person jedoch nicht gleich dem Befehl folgen und die
Augen öffnen, so muß der Strich mit dem Daumen und
der Befehl, die Augen zu öffnen, wiederholt werden.

Hat die hypnotisierte Person die Augen geöffnet, so
sieht sie jedoch nur das, was der Operateur ihr sagt, was
sie sehen soll. Man kann ihr irgend eine Halluzination
vorspiegeln, und sie wird es für Wirklichkeit halten. Will
man haben, daß sie die Augen schließt, so genügt es, daß
man mit der Hand von oben nach unten kurz streicht,
ohne das Gesicht zu berühren, und dabei energisch sagt:
„Schließen Sie Ihre Augen fest zu", oder man drückt
ganz leicht mit der Hand die Augenlider zu, mit dem
Befehl, die Augen zu schließen.

Hypnotismus.

Lektion X.

Wie man die Versuchsperson aufweckt.

Es gehört ebensogut ein Kunstgriff dazu, den hypno=
tischen Einfluß aufzuheben, wie denselben hervorzurufen.
Eine Gefahr ist absolut nicht vorhanden, falls es nicht
gleich gelingen sollte, die hypnotisierte Person zu erwecken.
Selbst wenn die hypnotisierte Person garnicht erweckt
würde, so würde der hypnotische Einfluß sich nach und
nach verlieren, die Person würde vom hypnotischen Schlaf
zu dem natürlichen Schlaf übergehen, und aus diesem
Schlaf auf gewöhnliche Art erwachen. Alle gegenteiligen
Behauptungen sind Faseleien von den Gegnern.

Man behalte immer im Gedächtnis, daß alle Streich=
ungen nach unten den hypnotischen Zustand hervorbringen,
und alle Streichungen aufwärts zur Aufhebung desselben
benutzt werden. Die meisten hypnotisierten Personen kann
man mit einigen Streichungen aufwärts, und wenn man
dann in ganz festem Tone sagt: **Wache — auf —, wache
— ganz — auf!"** erwecken. Der Operateur kann auch
seine Hände dabei zusammenschlagen. Vor dem Erwecken
soll man niemals versäumen, folgende Suggestion zu ge=
ben: **„Sie werden nach dem Erwachen keine Kopfschmerzen**

haben —, **Sie werden sich ganz wohl fühlen —, Sie werden ganz munter sein.**" Diese Suggestion soll man zweimal wiederholen.

Am besten ist es, wenn man den hypnotischen Einfluß durch Streichungen nach oben aufhebt, dann mit einem kurzen heftigen Strich mit der rechten Hand, möglichst nahe am Gesicht, womit man einen Luftzug hervorbringt, das vollständige Erwachen veranlaßt. Bei diesem Erwecken dauert es gewöhnlich eine Minute, bis das Erwachen erfolgt. Während des Erwachens soll man noch einige magnetische Streichungen aufwärts (ohne Berührung) machen mit der Suggestion: **„Sie werden ganz wach werden —, Sie werden sich ganz wohl fühlen."**

Hypnotismus.

Lektion XI.

Zweite, sehr wirksame Methode, den hypnotischen Zustand hervorzubringen mittelst der hypnotischen Kugel.

Man läßt die Versuchsperson auf einem Stuhl oder Sessel bequem Platz nehmen, mit dem Rücken gegen das Licht. Sodann gibt man der Person die nötigen Erklärungen über die Harmlosigkeit des Hypnotismus, und daß sie sich fest vornehmen soll, nur an das Einschlafen zu denken.

Der Operateur nimmt nun die hypnotische Kugel in die rechte Hand, stellt sich vor die Versuchsperson hin, hält die Kugel etwa 10—12 Ctm. von deren Augen entfernt. Nun fordert man dieselbe auf, die Kugel oder vielmehr das strahlende Glas im Mittelpunkt der Kugel ganz scharf anzusehen. Der Operateur fängt nun an, die Kugel ganz langsam vor den Augen der Versuchsperson zu drehen, und zwar in einem Umkreise von etwa 10 Ctm., die Augen scharf auf die Nasenwurzel der Versuchsperson gerichtet. Nachdem man diese Umdrehungen einige Minuten ausgeführt hat, so wird man beobachten, falls die Versuchsperson empfänglich ist, daß die Augen feucht werden. Sodann spreche man unter fortgesetztem, langsamem Drehen mit langsamer, ruhiger, eintöniger Stimme:

„Ihre — Augenlider — werden — schwer —, Ihre — Augen — werden — müde —, sie — werden — feucht —, sie — blinzeln —, Sie — können — nicht — mehr — klar — sehen —, Ihre — Augenlider — fallen — zu —, schließen — Sie — Ihre — Augen —, schlafen — Sie — fest — ein." Gewöhnlich tritt der Schlaf schon nach 5—6 Minuten ein. Sollte nach 15 Minuten kein Schlaf eingetreten sein, so kann mit dem Versuch aufgehört werden.

Ist der hypnotische Zustand eingetreten, so verfährt der Operateur genau wie in Lektion X angegeben. Es gibt noch eine ganze Reihe von Einschläferungsmethoden; jedoch habe ich mit den zwei vorstehenden die besten Erfolge erzielt. Auf jeden Fall sind dieses die leichtesten und die am meisten Erfolg versprechenden Methoden für den Anfänger.

Hypnotismus.

Lektion XII.

Methode, um eine Person augenblicklich zu hypnotisieren.

Personen, die schon hypnotisiert waren, kann man in der Regel fast augenblicklich hypnotisieren. Man findet aber auch oftmals unter Versuchspersonen solche, die, trotzdem sie noch niemals hypnotisiert waren, doch fast augenblicklich schlafen. Man kann aber auch Personen, die man das erste Mal hypnotisiert, sich derartig vorbereiten, daß sie beim nächsten Mal fast augenblicklich einschlafen, indem man ihnen vor dem Erwecken suggeriert: **„Das nächste Mal, wenn ich Sie wieder in Schlaf versetzen will, werden Sie sofort einschlafen."** Wenn man eine Person augenblicklich hypnotisieren will, so ist es wohl am besten, wenn man vorher eine Probe macht, z. B. das Zusammenfesseln der Hände. Kann man dazu eine Person sofort beeinflussen, so wird man dieselbe auch augenblicklich hypnotisieren können. Ich habe dabei mit folgendem Verfahren den besten Erfolg gehabt: Man lasse die Person auf einem Stuhl bequem Platz nehmen, gebe ihr die Erklärung, daß der hypnotische Zustand vollständig ungefährlich sei usw., man stelle sich dabei etwa drei Schritte vor der Versuchsperson auf und bitte sie, scharf nach den Augen des Operateurs sehen zu wollen. Schon während der Erklärung fixiere man sie scharf mit den Augen. Sowie man bemerkt, daß die Versuchsperson nach den Augen des Operateurs sieht, erhebt man die rechte Hand in Kopfhöhe und sage mit ganz positiver Stimme: „Sie haben jetzt keinen freien Willen mehr, Sie können nicht mehr tun, was Sie wollen, sondern Sie stehen jetzt vollständig in meiner Gewalt; Sie müssen jetzt tun, was ich Ihnen befehle: „Schließen Sie jetzt Ihre Augen und schlafen Sie fest ein!" Bei diesen Worten geht man ganz langsam mit erhobener Hand gegen die Versuchsperson, so daß man bei den letzten Worten diese erreicht. Indem man nun sagt: „Schließen Sie Ihre Augen und schlafen Sie fest ein," macht man eine schnelle Bewegung mit der Hand nach unten, um damit anzu-deuten, daß sie die Augen zu schließen habe. Ist die Person sehr empfänglich, so wird sie in diesem Moment schlafen. Ist dieses geschehen, so macht man noch einige magnetische Striche bis über das Herz oder bis zu den Knien abwärts und man ist sicher, daß sich die Person in ganz tiefem Schlafe befinden wird. Solche leicht empfängliche Person kann man auch gewöhnlich ebenso leicht wieder erwecken, und genügt hierzu in den meisten Fällen ein einziger Wink des Operateurs mit der Hand in der Nähe des Gesichtes der Person nach aufwärts mit dem positiven Gedanken: „Du mußt jetzt aufwachen." Der Einfluß, den man auf eine hypnotisierte Person hat, ist ganz bedeutend. Wenn man z. B. derselben, bevor man sie erweckt, suggeriert: „Sie werden, nachdem ich Sie erweckt habe und Sie völlig wach sind, nach 5 Mi-nuten ohne jede Ursache „Hurra" rufen." Wenn dieses der schlafenden Person mit Eindruck suggeriert wird, so wird sie es ganz bestimmt tun, ohne daß sich dieselbe Rechenschaft geben kann, warum sie jetzt ohne jede Ver-anlassung „Hurra" gerufen hat. Der Geist der hypnoti-sierten Person nimmt jedoch nur alle solche Suggestionen an und führt sie auch aus, die sich mit dem moralischen Charakter der Person vertragen, im entgegengesetzten Fall kommen die gegebenen Suggestionen unter keinen Um-ständen zur Ausführung. So würde z. B. bei einer religiösen Person keine Suggestion zur Ausführung kommen, die gegen ihre religiöse Auffassung verstoßen würde. Und obgleich im allgemeinen eine Erinnerung betr. des Vorganges während der Hypnose nicht stattfindet, so würde doch ein Fortgang während der Hypnose, der gegen das Moralgefühl der Person verstoßen würde, dieser die Erinnerung daran sicher zurückkehren.

Hypnotismus.

Lektion XIII.

Wie man Personen weckt, die von andern hypnotisiert wurden.

Gewöhnlich kann eine Person, die von einem andern hypnotisiert wurde, auf dieselbe Art erweckt werden, wie eine solche, die man selbst hypnotisiert hat. Wenn diese jedoch nicht darauf reagiert, so verfahre man in der Weise, als ob man die Person hypnotisieren wolle, z. B. man fasse mit der linken Hand der Person ihre rechte Hand, und man lege die rechte Hand auf den Kopf der hypnotisierten Person. Man spreche ihr mit ruhiger Stimme folgende Schlafformel vor: „**Sie schlafen fest, — Sie sind so schläfrig — Sie hören nichts als meine Stimme — Sie werden alles tun, was ich Ihnen befehle.**" Dann streicht man mit dem Daumen von der Nasenwurzel aufwärts mit der Suggestion: „**Oeffnen Sie die Augen!**" Leistet sie dieser Suggestion Folge, so schließe man ihr wiederum die Augen. Nun sage man in ganz entschiedenem Tone zu ihr: „**Wenn ich Ihnen jetzt etwas zu tun befehle, werden Sie es sofort tun.**" Darauf läßt man die Person verschiedene Bewegungen ausführen. Dieses tut man, um Gewalt über dieselbe zu erlangen. Nun sage man zu der Person in positivem Tone: „**Jetzt will ich haben, daß Sie aufwachen; ich werde jetzt bis sieben zählen, dann werden Sie erwachen.**" Nun sage man: „**Fertig**" — und zähle „**1 — 2 — 3 — 4 — 5 — 6 — 7.**" Sobald man sagt „sieben", so schlage man die Hände rasch zusammen und rufe: „**Wach auf!** —

wach auf — ganz wach" und fahre fort, die Hände zu=
sammen zu schlagen und dann aufwärts Striche zu machen,
bis die Person völlig wach ist. Bei hypnotisierten Per=
sonen, die schwer zu erwecken sind, kann auch diese Me=
thode des Erweckens mit Erfolg benutzt werden.

Hypnotismus.

Lektion XIV.

Einige wichtige Punkte für den Anfänger.

Wie man Vertrauen erweckt. Wenn irgend möglich,
so lasse man Personen, denen der Hypnotismus noch
unbekannt ist und die möglicherweise Furcht empfinden,
sich hypnotisieren zu lassen, jemand anders im hypnotischen
Zustande sehen, ehe man mit ihm Versuche anstellt. Man
wähle jemanden dazu, der eine gute Versuchsperson ist
und bringe denselben in Schlaf, um zu beweisen, daß das
Experiment absolut gefahrlos ist.

Die magnetischen Striche. Die sachgemäße Vor=
nahme der magnetischen Striche kann man nur durch
Uebung erlangen. Man sieht dabei der Versuchsperson
scharf auf die Nasenwurzel; dieses macht auf die zu
hypnotisierende Person den Eindruck, als wenn man ihr
scharf in beide Augen sieht. Mit ausgestreckten und etwas
gekrümmten Fingern, wie auf dem Bilde ersichtlich, be=
ginnt man oberhalb des Kopfes und fährt an den Seiten
der Schläfe herunter über die Brust bis unterhalb des
Herzens oder bis zu den Knien; sodann fährt man mit
den Armen seitwärts und kommt in einem Bogen wieder
zum Kopfe zurück, jedesmal mit derselben Wiederholung.

Man prahle nie mit seinen Fähigkeiten als
Hypnotiseur. Man verrichte sein Werk in einfacher ge=
schäftsmäßiger Weise.

Man halte sein Versprechen. Unter keinen Um=
ständen sei man so gewissenlos, seine Versuchspersonen
irgend etwas tun zu lassen, was man ihnen versprochen
hat, nicht zu tun.

6

Die Suggestion ist der Schlüssel zum Hyp=
notismus. Es bedarf längerer Uebung, um Suggestionen
in richtiger Weise zu geben. Die Fähigkeit jedoch, dies

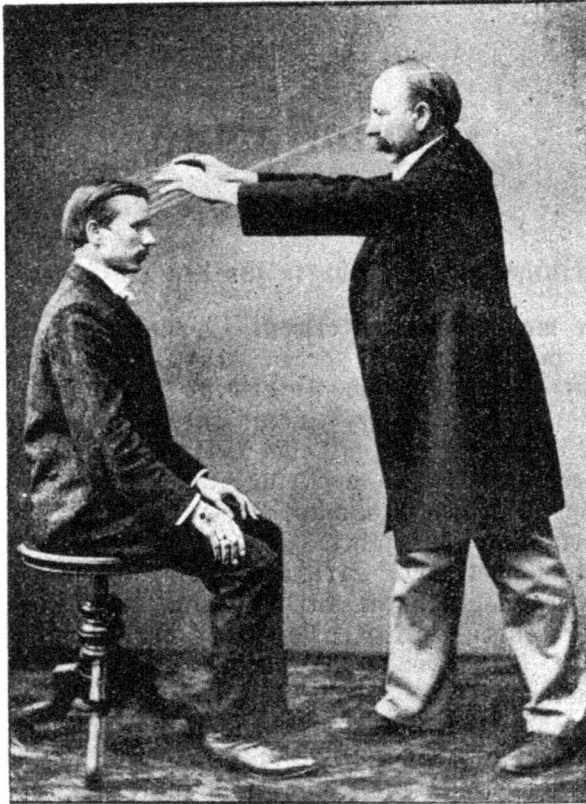

zu tun, ist unschätzbar, da dieselbe auch außerhalb des
Gebietes des Hypnotismus von großem Werte ist.

Nachhilfe bei Suggestionen. Wenn man die Sug=
gestion gibt, daß die Arme schwer sind, so ist es gut,
leicht den Arm von oben nach unten zu streichen, und
wenn man den Arm bezeichnet, daß er steif und starr ist,
so soll man den Arm an den Gelenken etwas drücken,
immer beim Strich von oben nach unten. Somit macht
man auch

die Probe des Schlafes. Wenn man nicht bestimmt weiß, ob der Patient schläft oder nicht, so nehme man dessen Arm, strecke denselben gerade aus und sage zu ihm: „**Ihr Arm ist schwer —, er ist steif und starr —, er biegt sich nicht —, Sie können ihn nicht biegen.**" Jetzt versucht man den Arm zu biegen, und wenn derselbe steif ist, wird sich der Patient in fast allen Fällen im tiefen hypnotischen Schlaf befinden. Wenn man haben will, daß er seinen Arm biege, so sage man: „**Jetzt lassen Sie Ihren Arm los —, er wird sich jetzt biegen.**" Der Arm wird dann mit Leichtigkeit herunterfinken.

Der Zustand der Empfindungslosigkeit — Anasthesie. Dieser Zustand wird sich nicht früher einstellen, bis man die Suggestion gibt: „**Sie haben kein Gefühl —, Sie werden keine Schmerzen verspüren.**" Die betreffenden Stellen, die man gefühllos zu haben wünscht, müssen mit der Hand oder dem Finger bestrichen werden. Diese Suggestionen müssen gegeben werden, wenn sich die Person im tiefen hypnotischen Schlafe befindet.

Hysterische Personen und solche, die an Herzfehlern leiden, sollen niemals rasch aufgeweckt werden. Beim Hypnotisieren von hysterischen Personen soll man, wenn dieselben schwer zu atmen anfangen oder unruhig werden, denselben in einem festen, ruhigem Tone befehlen, leichter zu atmen oder ruhig zu sein.

Die Katalepsie — Starrsucht hervorzubringen, halte ich für eine Roheit, was jeden gesitteten Menschen anwidert, und auch nicht den geringsten Zweck hat. Aus diesem Grunde will ich diesen Zustand ganz übergehen.

Wie man andere verhindert, seine Versuchspersonen zu beeinflussen. Wenn man nicht haben will, daß jemand anders seine Versuchsperson beeinflußt, so versetze man dieselbe in Schlaf und suggeriere ihr: „**Es wird Sie niemand hypnotisieren können als ich.**" — oder: „**Ein anderer Hypnotiseur wird Sie nur mit Ihrer Einwilligung hypnotisieren können.**"

Wie man die Empfänglichkeit der Versuchsperson vermehrt. Man versetze die Versuchsperson in tiefen hypnotischen Schlaf und suggeriere ihr: „**In Zukunft werden Sie sehr empfänglich sein, sodaß Sie sofort in tiefen Schlaf verfallen, wenn ich Sie hypnotisieren will.**"

Die Hypnose
in der zahnärztlichen operativen Praxis.

Die Hypnose ist für die operative Praxis von ganz hervorragendem Wert, jedoch sind die Fälle, wo sich dieselbe beim Patienten anwenden läßt, nur vereinzelt.

Oft in Fällen, wo wir sie wünschten in Anwendung bringen zu können, läßt sie uns im Stich. Die Ursachen hierzu sind verschieden.

In den meisten Fällen fehlt das ganz ruhige Zimmer, welches absolut notwendig ist, und dann ist noch der große Uebelstand, daß das Publikum noch zu wenig Verständnis für den Hypnotismus hat, ja noch in gewisser Hinsicht eine Scheu davor empfindet. Diese Scheu wird selbstverständlich von ärztlicher Seite nach bestem Können gefördert, da den Aerzten, speziell den Medizinern, der Hypnotismus so wenig wie der Magnetismus in ihren Kram paßt. Es ist bekanntlich leichter, ein oder einen Haufen Rezepte zu schreiben, als durch Energieanstrengung den Hypnotismus und den Magnetismus auszuüben. Und es gibt ja tatsächlich auch heute noch eine große Menge Menschen, die allen Ernstes glauben, der medizinisch gebildete Arzt muß doch wissen, was dem Kranken dienlich ist, und würde die unsinnigste Medizin verschlucken. Wenn nun ein „Mediziner" den Hypnotismus wie das Chloroform applizieren oder es dem Patienten durch ein Rezept „verschreiben" könnte, so wäre es schon längst im allgemeinen Gebrauch. So gibt es jedoch nur wenige, die sich diese Kraft angeeignet haben, und aus diesem Grunde wird das Mißtrauen gegen den Hypnotismus geschürt, trotzdem der Hypnotismus schon lange von der Wissenschaft anerkannt ist.

Auch dieser schwierige Standpunkt, daß man noch nicht jeden Patienten hypnotisieren kann, wird sich in der Zukunft überwinden lassen, sobald sich genügend mit dieser Frage beschäftigt wird. Die Patienten, die sich für die Hypnose eignen, da ist der Erfolg ein ganz gewaltiger. Im Gegensatz zu der schädlichen Chloroform-Narkose ist die Hypnose vollständig unschädlich, selbst bei Herzleidenden kann dieselbe ohne jede Gefahr angewandt werden.

Will man in der „zahnärztlichen Praxis" irgend eine

schwierige Zahnoperation ausführen, so ersucht man den Patienten, auf einem Stuhle (nicht Operationsstuhl) Platz zu nehmen. Nachdem der Patient in tiefen Schlaf versetzt ist, suggeriert man ihm: **„Stehen Sie jetzt auf und gehen Sie zum Operationsstuhl.“** Hierbei muß man dem Patienten selbstverständlich behilflich sein, da er sonst den Weg dahin nicht finden würde. Sobald der Patient den Operations=stuhl erreicht hat, suggeriert man weiter: **„Setzen Sie sich, — legen Sie den Kopf zurück in den Kopfhalter, — öffnen Sie den Mund, — noch weiter, — jetzt ist es gut, — nun können Sie den Mund nicht früher schließen, bis ich es Ihnen sagen werde.“** Nun hat man vollständig Zeit, sich die zu operierenden Zähne oder Wurzeln anzusehen und dieselben zur Operation vorzubereiten. Sodann streicht man mit dem Finger am Zahnfleisch der zu operierenden Zähne oder Wurzeln entlang und gibt dabei folgende Suggestion: **„Ihr Kiefer ist jetzt vollständig gefühllos, Sie werden nicht das geringste Schmerzgefühl empfinden, — das Zahnfleisch ist vollständig unempfindlich, — Sie werden überhaupt garnicht wissen, daß Ihnen Zähne ge=zogen werden.“** Ich habe sodann in aller Ruhe das Zahn=fleisch gelöst und die Zähne resp. Wurzeln ohne jede Ue=bereilung extrahiert, da ein zu frühes Erwachen ganz aus=geschlossen ist. Ist die Extraktion z. B. sehr schwer, so suggerierte ich während der Zeit: **„Sie werden absolut nichts fühlen.“** Falls nun eine längere Operation not=wendig ist und das Blut im Munde hinderlich ist, so kann man dem Patienten die Augen öffnen, indem man mit dem Daumen der linken Hand von der Nasenwurzel langsam aufwärts streicht mit der Suggestion: **„Oeffne die Augen.“** Falls der Patient die Augenlider schwer in die Höhe bringt, so soll man etwas mithelfen, indem man mit der Hand die Stirnhaut in die Höhe streicht. Hat der Patient die Augen geöffnet, so suggeriere man: **„Setzen Sie sich gerade, nehmen Sie dieses Glas Wasser und spülen Sie den Mund aus, — spucken Sie das Wasser in den Spucknapf.“** Der Patient wird nun genau so verfahren wie jeder andere Patient im wachen Zu=stande. Man kann dem Patient noch ein zweites Glas Wasser reichen, wenn man es für notwendig findet. So=bald man mit der Extraktion wieder fortfahren will, suggeriert man folgendermaßen: **„Legen Sie Ihren Kopf** zurück." Bis dahin wird der Patient noch immer die Augen offen haben, es ist aber besser, daß er sie wiederum schließt; man macht dieses folgendermaßen: Man hält die linke Hand über die Stirne des Patienten und, indem man mit der Hand ganz schnell dicht vor dem Gesicht, ohne ihn zu berühren, herunterfährt, suggeriert man: **„Schließen Sie Ihre Augen"**, so wird wohl in jedem Fall der Patient die Augen sofort schließen. Nun suggeriert man wiederum wie beim ersten Mal: **„Oeffnen Sie den Mund usw."** Man braucht sich bei der Extraktion absolut nicht zu beeilen, sondern kann die Arbeit mit Ruhe ausführen, die Wunden richtig auswaschen und sachgemäß behandeln, denn ein Erwachen ist nicht zu befürchten. Ich habe damals, als ich die Vorführung zweier Patienten in der Hypnose zwecks Zahnoperationen vor versammelten Aerzten veranstaltete, an einem Patienten mehr als 40 Minuten, und an der zweiten Patientin, die bereits während dieser Zeit schlief, noch etwa 25 Minuten operiert; die zweite Patientin hatte im ganzen 1¼ Stunden geschlafen. Beide Fälle waren sehr schwierig.

Ist man mit der Operation soweit fertig, so ist es sehr zweckmäßig, folgende Suggestion zu geben: **„Sie werden nicht den geringsten Nachschmerz empfinden, — die Wunde wird sehr schnell heilen, — das Zahnfleisch wird sich nicht entzünden, — Sie werden sich garnicht erinnern, daß Ihnen Zähne gezogen wurden."** Man kann den Patient auf dem Operationsstuhl erwecken, oder, was ich für besser halte, man läßt ihn aufstehen und wieder auf dem Stuhle Platz nehmen, wo er eingeschläfert worden ist; dann wird der Patient in jedem Fall sagen: „Ich bin garnicht auf dem Operationsstuhl gewesen, ich sitze ja hier noch, wo ich eingeschlafen bin."

Bevor man den Patient erweckt, versäume man nie, folgende Suggestion zu geben: **„Wenn Sie erwacht sind, werden Sie sich ganz wohl fühlen, — Sie werden keine Kopfschmerzen haben, — Ihr Kopf wird ganz leicht sein, — Sie werden sich sehr munter und wohl fühlen."** Ist diese Suggestion gegeben, so kann man den Patient erwecken, wie in Lektion X angegeben. Der Patient wird stets erklären, nicht die geringste Ahnung von der Operation zu haben und auch kein Schmerzgefühl zu empfinden.

Das hypnotische Heilverfahren.

Hypnos heißt Schlaf, und schlafähnliche Zustände sind es auch, die man mit dem Worte Hypnose oder Hypnotismus zusammenfaßt. Es gibt verschiedene Möglichkeiten, in den hypnotischen Zustand versetzt zu werden; hier will ich nur erklären, was zum Verständnis seiner Heilwirkung gehört. Wenn jemand schläft und träumt, so hält er während der Dauer des Traumes denselben für Wirklichkeit; das Urteilsvermögen ist bis zu einem gewissen Grade eingeengt. Wir dürfen aber den Schlaf nicht als die Ursache des Traumes ansehen, sondern als dessen Bedingung betrachten; gleichwie die Dunkelheit nicht als die Ursache des Scheines der Sterne, sondern nur die Bedingung des Scheines ist; ohne sie träte er nicht ein. Aehnlich ist der Schlaf die Vorbedingung der mit Hypnose bezeichneten eigentümlichen Zustände. Jeder weiß, daß Freude Herzklopfen verursacht, daß Angst einen Durchfall hervorrufen kann, daß Aerger völlig den Appetit verdirbt, wie anderseits, daß bei der bloßen lebhaften Vorstellung eines köstlichen Mahles einem das Wasser im Munde zusammenläuft. So kann durch die Macht der Einbildung das Geistige auf das Leibliche einwirken. Ich sagte oben, daß im Schlafe das Kritikvermögen eingeengt und der hypnotische Zustand ein eigentümlicher Schlafzustand sei. Wenn letzterer nun dazu benutzt wird, dem Schlafenden besondere Vorstellungen einzupflanzen, so gelten diese dem hypnotischen Schläfer wie im Traume als Wirklichkeit. Schon im vollbewußten Zustande kann Freude gesund, Furcht oder Schrecken krank machen. Bedenken wir nun, daß im Schlafe die Erneuerung der leiblich-geistigen Maschine des Menschen vor sich geht, so haben wir den Schlüssel für die Entdeckung, daß im hypnotischen Schlafzustande es ausführbar ist, mittelst eingepflanzter Vorstellungen (Suggestionen) das leibliche und das geistige Befinden des kranken Menschen wirksam zu beeinflussen.

Wenn Hypnotiseur und Hypnotisierter einander angenehm sind, so daß sie in einer innigen geistigen Verbindung (Rapport) stehen, so kann der Hypnotiseur die im Organismus des Kranken über das Normale gesteigerten Funktionen, ebenso die unter das Normale gesunkenen

Funktionen der Organe durch die Suggestion regulieren, indem er in dem Schlafenden eindrucksvoll die Vorstellung der Gesundheit erzeugt, welche Idee dann in dem kritiflosen Schläfer zur herrschenden wird, und mittelft der Wirkung des Geistes auf den Körper tatsächlich die Naturkraft des Organismus zum schaffen anregt. — Nicht nur Krankheiten, sondern auch schlechte Angewohnheiten können dadurch abgewöhnt werden. Ebenso lassen sich in diesem Zustande Körperteile vollständig gefühllos machen, um irgend eine chirurgische Operation ausführen zu können, ohne daß der Operierte etwas fühlt.

Die Schauergeschichten, daß den Hypnotisierten leicht Verbrechen zur Ausführung suggeriert werden können, sind Fabeln, die von den Gegnern des Hypnotismus verbreitet werden. Daß die Hypnotisierten völlig willenlose Werkzeuge in der Hand des Hypnotifeurs seien, ist nicht richtig. Der Hypnotisierte behält im hypnotischen Schlafe immer seinen inneren Charakter. Der Schlafende kann wohl nicht mehr unterscheiden, ob das Suggerierte wahr oder falsch ist, dagegen unterscheidet er unbedingt, ob es gut oder böse sei, und er folgt keiner Suggestion, die ihm selbst nicht paßt. — Nachdem erst jahrelang die bedeutendsten Gelehrten behauptet hatten, daß es so etwas wie Hypnotismus nicht gäbe, ist jetzt die offizielle Wissenschaft stark auf dem Rückzuge; und ein eigener Zweig der Heilkunst, die Psycho=Therapie, welche, um Krankheiten zu beseitigen, keiner Arznei und keiner Bivisektionen bedarf, ist mächtig im Entstehen. Der Erfolg meiner Krankheitsbehandlungen in der Hypnose ließ nichts zu wünschen übrig und war durchgreifend. Auch habe ich in keinem Fall irgend welche Nachteile, als Kopfschmerzen usw. beobachtet. Hierbei spielt die Art des Erweckens und die zuvor gegebene Suggestion: daß sich der Patient nach dem Erwachen „ganz wohl" fühlen wird, eine große Rolle. Daß auch die Willens=übertragung „ohne Worte" dabei eine Rolle spielt, beweist, daß ich in meiner Vorführung von Patienten in der Hyp=nose am 14. April 1904 die eine Patientin nach der Operation, nachdem dieselbe etwa 1¼ Stunden geschlafen hatte, auf mehrere Schritte Entfernung erweckte, ohne zu sprechen, oder dieselbe zu berühren. Nur allein durch die Willensübertragung, d. h. durch den energischen Gedanken, daß die Schlafende jetzt aufwachen müsse!

Heil-Magnetismus.
Das magnetische Heilverfahren.

Das Gesetz im Universum, die Anziehung und Ab-
stoßung, oder das Prinzip der Wechselwirkung bedingt
eine allgemeine, gegenseitige Beeinflussung, eine Empfänglichkeit aller Lebewesen für den Magnetismus; durch die
Verschiedenheit der einzelnen Wesen wirkt dieselbe jedoch
ganz verschiedenartig in der Stärke. Auch die Menschen
haben ganz verschiedene Beanlagungen. Aus diesem Grunde
ist der eine mehr, der andere weniger für die magnetische
Einwirkung empfänglich. Es gibt auch Fälle, wo ein
Kranker für die Einwirkung eines Heil-Magnetiseurs weniger empfänglich ist als für die Einwirkung eines anderen
Magnetiseurs. Die Ursache hierzu liegt in dem Natur-
gesetz der Sympathie und Antipathie.

Personen, die während des Magnetisierens einen
warmen oder kalten Strom wahrnehmen, ein Rieseln oder
Prickeln im Körper, ein ziehendes Gefühl in den Armen
oder den Beinen empfinden, während oder nach dem Magnetisieren eine Müdigkeit oder Schwere in den Gliedern
wahrnehmen, haben für das magnetische Heilverfahren eine
empfängliche Natur. Bei solchen Patienten erfolgt in gewöhnlichen Fällen ein schneller Erfolg. Sind die Lebens-
kräfte freilich sehr herunter gekommen und handelt es sich
um eine chronische Krankheit, so kann man keinen schnellen
Erfolg erwarten.

In Fällen, wo der Patient nichts empfindet, ist immer
eine längere Behandlung notwendig. Patient wie Heil-
Magnetiseur dürfen sich durch die Empfindungslosigkeit
nicht abschrecken lassen. Wenn der Kranke dem Heil-
Magnetiseur genügendes Vertrauen schenkt, und der letztere
mit innerlicher Ueberzeugung von seiner heilenden Kraft
durchdrungen ist, dann wird auch — wenn es überhaupt
noch in der Möglichkeit liegt — die Gesundheit sicher ge-
wonnen werden. Am besten und sichersten wirkt man bei
solchen Kranken ein, die ohne vorgefaßte Meinung sich
der magnetischen Einwirkung hingeben.

Daher kann man bei Kindern meist besser und wohl-
tätiger wirken als bei erwachsenen Personen. Jeder gesunde Mensch, weiblich oder männlich, besitzt die Fähigkeit,

auf organische und auf unorganische Körper vermittelst seines Willens einzuwirken. Man nennt diese zur Geltung kommende Kraft und Willen: „Magnetismus".

Die folgende Anleitung zur Ausübung des Heilmagnetismus ist nur für den Laien für den Hausgebrauch berechnet. Wer sich dem Heilmagnetismus als Beruf und Lebenszweck widmen will, der prüfe sich vor allen Dingen, ob er auch ein ungewöhnliches Maß magnetischer Kraft, die nötige Ausdauer sowie den moralischen Mut besitzt, der oft unüberwindlichen Dummheit und oft der Frechheit und den Hetzereien der Gegner, die durch den Heilmagnetismus geschädigt werden, Trotz zu bieten.

Eine große magnetische Kraft im Menschen wird gewissermaßen durch große Willenskraft bedingt, deshalb führe man gewissenhaft die Uebungen zur Stärkung der Energie und Willenskraft aus, wie ich solche in Lektion II angegeben habe. Diese ist beim Magnetisieren von großer Bedeutung.

Eine Verschlimmerung der Krankheit kann niemals durch magnetische Behandlung eintreten. Jedes Menschenalter, das neugeborene Kind wie der hinfällige Greis, und beide Geschlechter sind zur magnetischen Behandlung geeignet. Auch wird ein sozusagen wunderbarer Erfolg durch Behandlung mit stark magnetisiertem Wasser erzielt, das man als ein Universalmittel betrachten kann. Ich habe damit schon allein ganz hervorragende Erfolge erzielt, sogar bei Krankheiten, die schon jahrelang von Aerzten erfolglos behandelt wurden, z. B. bei Lupus, Epilepsie, Syphilis, Magenleiden und Frauenkrankheiten. Das magnetisierte Wasser eignet sich so gut für innere wie für äußere Heilungen. Ein magnetisiertes Bad macht eine ganz hervorragende Wirkung auf den Gesundheitszustand des Menschen, und ist in manchen Krankheitsfällen unerläßlich. —

Der Heilmagnetismus eignet sich für alle inneren wie äußeren Krankheiten mit Ausnahme solcher Fälle, welche absolut unheilbar sind. Viele Aerzte mißraten aus Unkenntnis, Vorurteil oder Eifersucht ihren Patienten, sich des Heilmagnetismus zu bedienen, und erklären ihn entweder als auf Täuschung beruhend, oder, wenn unleugbare Tatsachen und Beweise seiner Wirkung vorliegen, als gefährlich und verhängnisvoll, namentlich bei Nervosität.

Nun ist aber gerade bei dieser Krankheitsform und hysterischen Zuständen die Heilkraft eines begabten Magnetiseurs das allerhervorragendste Mittel. Sogar bei nervösen
Wöchner´nnen leistet er unschätzbare Dienste.

Bei Frauenkrankheiten, Bleichsucht, Menstruations-
beschwerden, Unterleibsschwäche, Blutfluß, Kopfschmerzen,
Magenleiden, Entzündungen aller Art, Typhus, Lähmungen,
Rheumatismus, Gelenkwasser und wassersüchtigen An-
schwellungen, Skropheln, englischer Krankheit, Rückenmark-
reizungen, Wunden und Geschwüren, wie gesagt bei Krankheiten und Schmerzen aller Art hat der Heilmagnetismus
viele und außerordentliche Erfolge aufzuweisen.

Damit ist aber keineswegs die Behauptung ausgesprochen, daß jeder Kranke durch ihn geheilt werden müsse,
denn für den Tod ist kein Kraut gewachsen und gar
manchem ist nicht zu helfen.

Man magnetisiert entweder durch magnetisches Streichen oder Handauflegen und Anhauchen oder durch Anwendung magnetisierter Stoffe.

Bevor man eine Person magnetisiert, bringe man sie
in die magnetische Richtung, das Gesicht gegen Süden, den
Rücken gegen Norden gewandt. Liegt die Person zu Bett
oder auf dem Sofa, so soll das Kopfende gegen Norden,
das Fußende gegen Süden gewendet sein. Uebrigens ist
diese Stellung der Betten für die Kranken als auch für
die Gesunden als sehr wohltätig anzuraten.

Man stellt sich der Person gegenüber, nehme deren
rechte Hand in seine linke, die rechte Hand halte man flach
über den Kopf des Patienten, ohne den Kopf direkt zu
berühren, wie ich solches in dem Bilde zur Anleitung des
Hypnotisierens veranschaulicht habe. Man sage dem Patienten, er soll volles Zutrauen haben und denken, daß
ihm geholfen würde. Der Magnetiseur konzentriere ganz
seine Gedanken, wie bei der Anleitung zum Magnetisieren
angegeben, in den festen Willen, dem Kranken zu helfen.
Den Blick entweder auf die Augen, oder wenn dieses auf
den Kranken störend wirkt, auf die Brust des Patienten
gerichtet. Nachdem man so einige Minuten in dieser
Stellung verweilt hat, so fahre man langsam mit der
rechten Hand an der Seite des Kopfes über den Hals,
die Schulter und den Arm bis über die Hand herunter,
fahre dann in weitem Bogen seitwärts wieder nach oben

zurück und beginne den zweiten, dritten und vierten Strich auf die gleiche Weise, wiederum oben auf dem Kopf beginnend. In den meisten Fällen wird nun der Patient bereits ganz gut wahrnehmbare Gefühle empfinden. Nach dem vierten Strich lasse man die rechte Hand des Patienten los und vollführe nun mit beiden Händen diese Streichungen, den Patienten nur ganz leicht oder garnicht berührend. Jede Hand wirkt auf ihrer Seite, und fährt man nun, anstatt wie mit der einen Hand an der Seite, so über Brust, Leib und den Beinen bis über die Füße hinunter, jedesmal mit beiden Händen wie in weitem Flügelschlage ausholend, wieder zum Kopfe zurück. Würde man dieses nicht tun, so hebt man die Wirkung des vorhergemachten Striches wieder auf. Jeder Längestrich bei einer erwachsenen Person soll ungefähr 30 Sekunden Zeit in Anspruch nehmen.

Man macht in der Regel 7 bis 14 Striche, hält dann etwas an und fährt dann wieder fort, bis eine Wirkung oder Linderung eingetreten ist. Die Wirkung wird stärker sein, wenn der Patient nur leicht bekleidet ist. Der magnetische Strich wird meistens wie ein leiser Lufthauch empfunden, wie ein kühler Wind, aus einem Strohhalm geblasen. Unmittelbar nach dem Magnetisieren soll der Kranke sich körperlicher wie geistiger Ruhe ergeben. Oft zeigt sich die Wirkung des Magnetisierens in einem Gefühl, als wenn Ameisen über den Körperteil laufen, oft in einem Steif- und Schwergefühl in Armen und Beinen; dieses Schwergefühl kann man durch ableitende Striche wieder aufheben.

Man erzielt eine magnetische Wirkung nicht nur durch Striche, sondern auch durch Handauflegen, Anhauchen und Anwendung magnetisierter Gegenstände.

Das Auflegen einer oder beider Hände wirkt in sehr vielen Fällen äußerst wohltätig. Einer besorgten Mutter kann ich den Rat erteilen, bei Erkrankung ihres Kindes selbst magnetische Heilung zu versuchen, indem sie die rechte Hand auf seine Brust, die linke Hand auf seine Stirne legt. Gar bald wird Erleichterung eintreten und die Fieberhitze verschwinden; sollte die Einwirkung der Mutter nicht von Erfolg sein, so lasse man dieses obige Verfahren von einem andern gesunden Familien- oder Hausgenossen wiederholen. Zu bemerken ist noch, daß in solchen Fällen

Federkissen, überhaupt Federbette unbedingt schädlich wirken,
also entfernt werden müssen. Bei Kinderkrankheiten wirkt
der Gebrauch von magnetisiertem Wasser Wunder.

Auch bei Erwachsenen wird Kopfweh am besten durch
Handauflegen geheilt, indem man die rechte Hand mit
aufgestellten Fingerspitzen auf die Herzgrube setzt und
gleichzeitig die linke Hand auf die Stirne legt, sodaß man
mit dem Daumen die Nasenwurzel berührt. Nachdem
man einige Minuten in dieser Stellung verharrt, so lege
man die linke Hand auf den Hinterkopf und die rechte
Hand auf die Stirne des Patienten, und übe so einen
mittelmäßigen Druck aus; darauf lege man die flache
rechte Hand von vorne auf die linke Seite des Patienten,
und die linke Hand auf die rechte Seite, nun fahre man
mit den Fingerspitzen langsam auf beiden Seiten der
Schläfe herunter, über Backe und Hals bis über die
Schultern, man schüttle die Hände jedesmal gut ab und
fahre in weitem Bogen wieder zum Kopfe zurück und
wiederhole diese Streichungen so lange als nötig ist. Ist
der Kopfschmerz mehr in der Stirne, so beginne man die
Streichungen in der Mitte derselben. Bei der magneti=
schen Behandlung soll der Patient die Augen schließen.
Sind die Kopfschmerzen die Folgen von Unverdaulichkeit
oder anderen Störungen, so ist dafür zu sorgen, daß diese
Störungen beseitigt werden.

Bei Personen im Alter von 50 Jahren und darüber
wirken bei andauerndem ganz heftigen Kopfschmerz am
sichersten heiße Umschläge von magnetisiertem Wasser auf
den Kopf.

Bei Magenschmerzen ist magnetisiertes Wasser, in
kleinen Portionen getrunken, von ganz hervorragender
Bedeutung und Wirkung.

Bei Augenleiden mit erwärmtem magnetisierten Wasser
die Augen abwaschen und Umschläge darauf gemacht, hebt
das Leiden in ganz kurzer Zeit.

Bei Husten und Brustschmerzen das magnetisierte
Wasser warm trinken und warme Umschläge auf die Brust
machen.

Bei Halsschmerzen das magnetisierte Wasser erwär=
men, damit gurgeln und Umschläge um den Hals. In
diesem Fall kann es auch kalt benutzt werden.

Jede Frau und jedes Mädchen sollte nach jeder Periode

mit magnetisiertem Waffer Ausspülungen machen, welches eine wunderbare Heilwirkung auf die inneren Organe ausübt, und somit den größten Teil aller Frauenkrankheiten verhüten würde.

Jede Frau sollte nach jedem Wochenbett mehrfach das magnetisierte Waffer zu Ausspülungen benutzen, da die Wirkung von hervorragendster Bedeutung ist. Kleinen Kindern (Säuglingen) magnetisiertes Waffer in kleinen Mengen verabreicht, führt denselben Gesundheit und Lebenskraft zu und macht sämtliche Tees und schädliche Medikamente überflüssig.

Für den Hausgebrauch mögen die vorstehend gegebenen Anweisungen genügen. Diejenigen Leser, welche sich zu weiteren Forschungen auf diesem Gebiete veranlaßt fühlen, verweise ich auf mein Werk: **„Wie ich Heil-Magnetiseur wurde"**, welches diesen Gegenstand bis in die kleinsten Details behandeln wird. Dieses Werk wird anfangs September (1905) im Selbstverlag erscheinen.

Somnambulismus.
(Hellseherzustand.)

Das interessante kleine Werk: „Der wissenschaftliche Wahnsinn unserer Zeit"*) schreibt darüber folgendes: „Dieses ist ein Schlafzustand, und zwar der Höhepunkt, welcher bei sensitiven Personen im tiefen magnetischen Schlaf eintritt, also recht eigentlich ein Hochschlaf. In solchem Zustande wird das menschliche „Ich" befähigt, sich als im Besitze von Eigenschaften zu offenbaren, die ihm beim gewöhnlichen Tagesbewußtsein fehlen. Für die Erkenntnis des menschlichen Seelenlebens ist der Somnambulismus von allergrößter Wichtigkeit.

Das Wahrnehmungsvermögen der Somnambulen erscheint dann zum Teil verändert. Sie können z. B. geschlossene Briefe lesen, die man ihnen auf die Magengrube, d. h. auf die Nerven des Sonnengeflechtes legt. Auch das Empfindungsvermögen der Somnambulen erscheint gesteigert; sie haben angenehme oder unangenehme Eindrücke

---

*) Siehe Anhang.

beim Berühren verschiedener Metalle; sie können in ihre Nähe gebrachte Flüssigkeiten schmecken, ohne letztere gekostet oder gesehen zu haben, etc.

Ebenfalls erscheint das Wissen der Somnambulen gesteigert; ihr Denken, ihre Auffassung ist viel schärfer, ihre Sinnesart dabei viel reiner als beim Tagesbewußtsein; sie verraten Kenntnisse, über die sie im Wachen nicht verfügen.

Woher den Somnambulen das alles kommt, und wie es natürlich zu erklären ist? Deleuze sagt, diese Ausdehnung der menschlichen Fähigkeiten ist die „Entwickelung eines inneren Sinnes, welcher erwacht, wenn die äußeren Sinne schlafen." Unerklärliche Fähigkeiten finden sich bereits im Tierreiche: der Storch fliegt im Luftmeere nach Afrika und trifft im Frühjahr richtig von dort wieder ein, ohne dazu Kompaß oder Landkarte gebraucht zu haben. Und wenn wir selber ein Glas Wein trinken, so ist plötzlich unser Geist viel reicher, geistreicher als sonst. Der Somnambulismus hat mithin ähnliche Seitenstücke auf anderen Gebieten. Im übrigen kümmert es uns hier wenig, wie man die Tatsachen erklärt, — sie sind einmal da.

Somnambule schauen nämlich nicht nur durch dicke Mauern hindurch, sie sehen auch ihren eigenen Körper durchsichtig, ebenso denjenigen anderer Menschen, die mit ihnen in Rapport gesetzt werden. Sie können folglich Befunde welche von der körperlichen Form abweichen, dem Arzt-Magnetiseur beschreiben. Sogar das Krankheitsbild abwesender Personen kann erschaut werden. Die Wichtigkeit dieser rätselhaften Begabung für die Diagnose leuchtet ein.

Dr. Koreff, ein in der ersten Hälfte des 17. Jahrhunderts lebender, sehr bekannter Arzt, Leibmedikus des preußischen Staatskanzlers Fürsten von Hardenberg, sagt in einem Brief an Deleuze: „Ich kann versichern, daß gute Somnambulen, besonders in außergewöhnlichen Krankheitsfällen, hundertmal weniger dem Irrtum ausgesetzt sind als der geschickteste Arzt."

Dazu kommt, daß im Hochschlaf die Somnambulen auch imstande sind, den ganzen Krankheitsverlauf haarklein vorherzusagen, und daß sie ferner, wie instinktiv, die Behandlungsweise und die Mittel genau verordnen, welche die Krankheit wieder zur Genesung führen.

Wissenschaftlich ist der Somnambulismus schon im

Jahre 1831 anerkannt worden. Die Pariser Akademie der Wissenschaften setzte 1825 eine Kommission von 11 Aerzten ein, deren Beobachtungen in Hospitälern und in der Privatpraxis fünf Jahre dauerten, und deren schließliches Gutachten einstimmig zugunsten des Magnetismus ausfiel, und auch die somnambule Fernwirkung, das Sehen mit verschlossenen Augen, das Diagonostizieren und die Heilverordnungen der Somnambulen als wirklich bestehend anerkannte. — Als in dieser dazu anberaumten Versammlung die Kommission ihr Gutachten abgab, und die Existenz des Magnetismus und des Somnambulismus voll und ganz bestätigte, da verriet sich in dem tiefen Schweigen der Versammlung die Erregung der Gemüter. Als nun aber dem Gebrauch gemäß über den Druck dieses Berichtes gesprochen wurde, da erhob sich ein Akademiker, Castel, und protestierte gegen die Drucklegung dieses Berichtes, weil, wenn die berichteten Tatsachen wahr wären, die Hälfte unserer physiologischen Kenntnisse vernichtet wären! — Also: **„Nieder mit der Wahrheit! Es lebe das System!"** Dieses „Nieder mit der Wahrheit" ertönt auch heute noch von den Vertretern der Schulmedizin, und es ertönte auch in meinem Prozeß. Die zwei sachverständigen (?) Vertreter der Medizin erklärten: „Es existiert kein Heilmagnetismus, es existiert kein magnetisiertes Wasser! Alles ist Schwindel usw." Haben nun diese Sachverständigen aus Ueberzeugung dieses Gutachten abgegeben, woran doch wohl nicht zu zweifeln ist, so berufe ich mich auf die Worte unseres großen Philosophen Schoppenhauer: „Wer den Magnetismus leugnet, ist nicht ungläubig, sondern **unwissend** zu nennen."

Ich habe nun selbst durch magnetische Einwirkung auf ein leicht empfängliches Medium den besonderen Erfolg gehabt, dieses in einen, dem Somnambulismus ähnlichen Zustand zu versetzen; so hatte ich Gelegenheit, mich selbst von der Richtigkeit der obig benannten interessanten Eigenschaften in diesem Zustande zu überzeugen, hauptsächlich betr. der Diagnose und der geeignetsten Heilmittel bei Krankheiten und anderem mehr. Da dieses Medium, das ich benutzte, absolut in keiner Weise weder Ahnung noch Kenntnisse irgend welcher Krankheit oder Heilmittel hatte, und beides mir doch trotzdem ganz sachgemäß angab, muß ich, nach allem was mir in diesem Zustande von dem ganz ruhig schlafenden Medium mitgeteilt wurde, bestreiten, daß die Kenntnisse des mir Mitgeteilten von dem schlafenden Medium kamen, sondern daß dabei eine für mich unsichtbare geistige Intelligenz mitgewirkt habe, in der Art, daß diese unsichtbare Erscheinung mir durch Vermittlung des Mediums die erwähnten Mitteilungen machte. Diese meine Vermutung wurde mir bei einer späteren Gelegenheit im somnambulen Zustand von dem Medium auf meine diesbezügliche Frage voll und ganz bestätigt. Daß diese Tatsache besteht, davon bin ich vollkommen überzeugt. Hoffentlich wird auch dieser merkwürdige Zustand bald die wissenschaftliche Erklärung finden.

Dieser für unsere Auffassung so sonderbare Zustand ist wohl der beste Beweis für unser geistiges Seelenleben und daß unser Geist oder Seele in diesem somnambulen oder Hellseher Zustande befähigt wird, sich mit der für uns unsichtbaren, geistigen Welt in Verbindung zu setzen, und unter dieser Mitwirkung die für uns so wertvollen Mitteilungen gemacht werden.

Für diese merkwürdigen und für uns so unverständlichen Erscheinungen kann uns nur der Spiritualismus Aufklärung geben. Wer die spiritualistischen Schriften von Alexander N. Afsakow, Dr. G. von Langsdorff, Dr. du Prel, Prof. Zöllner, Davis u. a. m. gelesen hat, der wird sich vieles erklären können, was ihm bisher unbegreiflich war. Wenn dieses geistige Seelenleben erst von der Mehrheit der Menschen erkannt und begriffen worden ist, so werden auch andere, bessere Zustände auf dieser Welt sich bilden. Erst wenn die Menschen werden begreifen gelernt haben, daß unser Leben nicht mit dem Tode aufhört, sondern mit diesem Augenblick erst beginnt, und daß dieses Erdenleben nur als Vorbedingung, als Vorbereitungsstufe für das geistige, ewige Leben zu betrachten ist, und zwar jedem seinen Verdiensten und Taten entsprechend, sich sein von diesem Zeitpunkte an beginnendes geistiges Leben gestalten wird. Erst wenn die Menschen dieses werden begreifen, erst dieses erkennen gelernt haben, dann werden die Menschen anders, erst dann werden sie besser werden.

Dann wird auch endlich die exakte Wissenschaft den Magnetismus voll und ganz anerkennen, dann wird auch die Theorie von Darwin & Häckel in sich zusammenfallen.

Ende.

Anfang September 1905 erscheint im Selbstverlag

Preis 3 Mark, elegant gebunden 4 Mark

das sehr interessante Werk:

„Wie ich Heil=Magnetiseur wurde"

mit folgendem Inhalt:

Der Spiritualismus, seine Verschiedenartigkeit zum Nutzen oder Schaden für den Menschen.

Der Somnambulismus oder **Hellseherzustand** und seine Wichtigkeit als „Heil-Medium" und seine Bedeutung für das Seelenleben des Menschen.

Der Einfluß der geistigen Welt auf den Menschen.

Der Heil=Magnetismus unter Zugrundelegung des neuen Testamentes.

Die hypnotische Heilweise.

Die magnetische Heilweise.

Die Erhaltung der Gesundheit durch geregelte Lebensweise.

Jeder sein eigener Arzt.

Kehret zur Natur zurück, u. a. m.

Karl Lehmann
Heilmagnetiseur
Hagenau i. Elf.

Die
hypnotische Kugel
nach meinen Erfahrungen mit eigenartiger
Wirkungskraft
beim
Hypnotisieren für den Anfänger.
Preis 2 Mark (Porto extra)
nur zu beziehen von
Karl Lehmann, Heilmagnetiseur, **Hagenau i. Elf.**

Zeitschrift
für
Heil-Magnetismus
Organ der Vereinigung deutscher Magnetopathen
Monatsschrift.
Verlag: **Edel'sche Buchdruckerei** in **Wiesbaden**
Kleine Schwalbacherstraße 3. Postzeitungsliste Nr. 8494.
Preis halbjährlich 2 Mark.

An den Reichstag und die Regierung betreffs Abänderung
des § 35 d. G.-O.
„Wissenschaftliche Kurpfuscherei"
eine öffentliche Kritik der
Schulmedizin als Heilkunst
eine Antwort an die Denunziationskommissionen
der Aerztekammer
von **G. E. Reiffe**
Verlag von
F. Schlosser, Berlin S. W., Dresdener Straße 38.
Preis 75 Pfennig.